이슬람 연구 시리즈 [18]

한국의 무슬림

무슬림 커뮤니티의 이슬람 이해와 우리의 증거

공 일 주 지음

기독교문서선교회

기독교문서선교회(Christian Literature Center: 약칭 CLC)는 1941년 영국 콜체스터에서 켄 아담스에 의해 시작되었으며 국제 본부는 미국의 필라델피아에 있습니다.

국제 CLC는 59개 나라에서 180개의 본부를 두고, 약 650여 명의 선교사들이 이동도서차량 40대를 이용하여 문서 보급에 힘쓰고 있으며 이메일 주문을 통해 130여 국으로 책을 공급하고 있습니다.

한국 CLC는 청교도적 복음주의 신학과 신앙서적을 출판하는 문서선교 기관으로서, 한 영혼이라도 구원되길 소망하면서 주님이 오시는 그날까지 최선을 다할 것입니다.

Muslims in Korea
Understanding Islam of the Muslim community and our witness to Muslims

Written by
Il Joo Kong

Korean Edition
Copyright © 2017 by Christian Literature Center
Seoul, Korea

추천사 1

김 삼 환 목사
명성교회

　금세기에는 그 이전보다 더 많은 무슬림들이 그리스도께로 돌아오고 있다. 교회는 이슬람의 도전과 테러에 어떻게 반응할지 그리고 우리 옆으로 가까이 다가오는 무슬림들에게 어떻게 복음을 전할지 그 해법이 요구되고 있다.

　13세기 이후 이슬람 국가와 서구 기독교인들 간에는 크고 작은 충돌이 지속되었고 무슬림이 다수인 나라에 사는 기독교인들은 박해를 당했다.

　우리나라에는 무슬림 근로자와 유학생 그리고 국민 배우자가 된 무슬림들이 늘어가고 있다.

　지금은 이슬람에 대한 이론과 실제를 아는 이슬람 전문가가 필요한데 이 책이 무슬림을 만나는 모든 사람들에게 파트너가 되어 복음을 전하는 데 좋은 가이드 역할을 해 주리라 기대한다.

추천사 2

조용중 박사
한국세계선교협의회 사무총장

　무슬림에 대한 선교계의 태도가 양극화를 보이는 현상을 보며 안타까워하던 가운데 공일주 박사의 신간은 한국교회에 좋은 길라잡이가 될 것으로 보인다. 우선 무슬림들을 잘 알아야 한다는 것은 오늘날 선교계에 주어진 책임이라고 생각된다. 무슬림을 안다는 것은 그들이 정통 이슬람을 믿는 사람이건, 대중 이슬람을 따르는 사람이건 그들이 믿고 따르는 꾸란을 알아야 한다.

　이 책의 저자는 꾸란의 원문에서 시작되어야 한다고 강조한다. 번역의 문제가 오해를 가져오는 것을 경고하며, 오히려 아랍어 꾸란을 한국어로 잘못 번역한 국내 무슬림들의 잘못을 지적하고 있다.

　무지에서부터 만들어지고 있는 각양의 오해들을 벗어나고 한국교회가 어떻게 무슬림 이주민들을 섬길 수 있는지에 대한 대안까지 문답형으로 해법을 제공함으로써 전문가와 비전문가, 일반 성도들과 정책 입안자들에게까지 현실적인 대책을 제안하는 이 책을 통하여 무슬림에 대한 바른 이해와 대책이 한국교회에 마련되기를 기대한다.

추천사 3

강석형 목사
은현교회
Korea Institute for Contemporary Mission 대표

세계적으로 16억의 무슬림이 있고, 한국의 경제력이 세계 10위권에 오르면서 수많은 무슬림 근로자들이 한국으로 들어오고 있다. 국내 미디어에 등장하는 이슬람 전문가들은 자신의 이슬람에 대한 이해도에 따라 이슬람 용어를 사용하기 때문에 오히려 이슬람교와 무슬림들에 대한 이해에 혼선을 주고 있다. 이런 상황에서 출간되는 이 책은 이슬람교에 대한 궁금증을 문답 형식으로 자세히 풀어가고 또 이슬람교에 대해 잘 모르는 사람들이 가질 수 있는 의문들의 답변을 구체적으로 제시하여 독자의 이해도를 높이고 있다.

따라서 이슬람교에 대해 단편적인 지식을 가지고 있는 사람은 물론 목회자나 선교사, 신학생과 성도들, 나아가 신학자들에게도 이 책이 도움이 되리라고 본다. 더구나 이 책을 통해 얻은 이슬람교와 꾸란에 대한 지식으로 국내 이주 무슬림들에게 보다 더 친밀하게 다가가 그들을 구원의 길로 인도할 수 있다고 확신하기에 이 책을 추천하는 바이다.

추 천 사 4

임 성 빈 박사

장로회신학대학교 총장

    이 책은 이슬람이 어떠한 종교이며 어떠한 사상을 가지고 있는지에 대한 올바른 이해를 추구하며 쓰여졌다.

    이슬람에 대한 올바른 지식과 이해가 그들에게 다가갈 수 있는 적절한 태도를 낳는다고 말하는 저자의 말이 매우 중요하게 들린다.

    오늘날 이슬람에 대한 사회적 관심이 높아지는 만큼, 그들에게 예수 그리스도가 어떤 복음으로 들려질 수 있을지 고민하게 만드는 책이다.

저자서문

공일주

  국내에는 이슬람에 대한 이해와 대처에 대한 책들은 많은데 이주 무슬림들에 대한 복음적 접근을 한 책들이 많지 않다. 물론 이슬람에 대한 이해와 대처에 대한 책들도 많아졌지만 이슬람학과 꾸란학, 하디스학, 해석학, 법학, 철학 등이 어우러져서 저술된 책은 거의 없다. 이슬람 연구는 한국에서 혼자 공부하기 어렵다. 나라마다 다른 법학파와 무슬림 개인이 속한 특정 종파 그리고 사람마다 달라질 수 있는 이슬람 성향이 이슬람에 대한 이해를 어렵게 한다.

  오늘날 이슬람 세계는 정도에 벗어난 종교적 담론과 텍스트에 대한 불확실한 해석 그리고 시정되어야할 개념이 범람하여 정치계와 종교계가 이를 해결하려고 안간힘을 다하고 있다. 2015년 이집트 종교성이 발행한 『시정해야 할 개념』이란 책자가 그 한 예이다. 1400년 이상 이슬람 치하에 살고 있는 중동의 기독교인들은 무슬림이 사용하는 어휘와 성경의 어휘가 동일할 때 성경 본연의 의미를 잘 모른다.

  그런데 한국의 무슬림들은 주요 이슬람 용어들을 기독교 어휘에서 비판 없이 빌려다가 사용하면서 이슬람 신학을 크게 훼손하고 있다. 이제는 국내 무슬림들의 책들을 통하여 이슬람 본래의 모습을 배우기 어렵게 되었고 이렇게 기독교화된 이슬람 개념이 들어 있는 이슬람 책들을 읽은 기독교인들은 꾸란과 구약의 용어나 개념과 주제들이 서로 같다는 터무니없는 말을 하고 있다. 또한 우리나라는 국가적 차원에서 이슬람에 대한 이해와 접근에 있어 국가적인 면모를 보여주지 못할 때가 가끔 있다. 대통령이 할랄에 대하여 설명하는 뉴스를 보았는데 그의 할랄에 대한 이해는 아주 초보적인 수준이었다.

그렇다면 이슬람에 대한 이해가 초보적인 수준에 머무는 것은 그 원인이 무엇일까?

첫째, 이슬람을 이해할 수 있는 기본적인 "이슬람 용어"가 통일되어 있지 않았다.

둘째, 언론이 특정인을 인터뷰에 자주 초대하면서 특정인의 이슬람 이해가 일반화되었다.

셋째, 국내 대학에 이슬람 전공과목을 가르칠 수 있는 학자들이 매우 적다.

넷째, 오늘날 무슬림들은 문화의 쇠퇴, 사상의 혼란, 종교적 무지, 종교 간의 투쟁, 종교적 담론 등의 문제들과 씨름하고 있어서 외국인들이 "이상적인" 이슬람을 배우기가 어렵다. 오늘날 이집트 TV의 30% 이상이 종교 프로이고 심지어 근본주의를 조장하는 프로들이 많다.

다섯째, 이슬람 연구자는 반드시 아랍어를 알아야 한다.[1]

---

1 국내에서는 근본주의를 원리주의와 교체하여 사용한다. 근본주의는 미국과 영국에서 시작

만일 이슬람 법을 공부한다면 아랍어 능력은 물론 이슬람과 연관된 모든 학문들을 섭렵해야 한다. 그런데 오늘날 아랍인들의 아랍어 실력이 갈수록 떨어지고 있다. 전 세계 16억의 무슬림이 동양과 서양의 서로 다른 사회 속에 산다. 그 중 3억 7천만 명이 아랍어를 아는 무슬림이고 나머지 대부분의 무슬림은 아랍어를 모른다. 그래서 아랍어를 모르는 무슬림들은 꾸란을 들어도 의미를 이해하지 못한다. 이들에게는 꾸란의 "번역서"만이 꾸란을 알 수 있는 유일한 자료가 된다. 우리나라도 마찬가지이다.

아랍어를 사용하는 아랍 세계의 1/3이 문맹이다. 2011년 유네스코의 보고에 따르면 아랍 국가의 교육이 아시아와 라틴 아메리카보다 뒤진다고 했다. 창의적 사고와 연구 능력에서 크게 뒤떨어진다. 살라피 학자들의 책과 파트와를 연구한 하버드대학교의 연구에 의하면 무슬림들의 과격 성향의 주된 요인이 가난이나 이데올로기가 아니고 교육의 질이 형편없는 것이 가장 큰 원인이고 교육 네트워크가 문제라고 했다. 아랍 세계에서 아랍어와 종교학에 대한 수준이 큰 문제라는 것이다. 아랍 국가에서 무슬림들의 아랍어 실력이 저조한 것은 이슬람학 연구에 치명적이다.

된 말인데 자유주의를 거부하고 성경 텍스트를 문자적으로 해석한 것이다. 이에 상응하는 아랍어 용어가 없어서 아랍 무슬림들은 '우쑬리야라는 말을 사용했다. 무슬림들 중 일부는 살라피야를 우쑬리야라고 하는데 이 둘은 교리의 원리로 되돌아가자고 하고 텍스트의 문자적 해석을 추구했다. 그런데 20세기의 마지막 20년간 중동에서는 우쑬리야가 극단, 폭력, 테러와 연관되었다. 서구가 말하는 근본주의에 가장 가까운 개념은 무함마드 압두흐의 '이슬람 깨어남'과 유사하다. 이슬람에서 이런 근본주의가 생기게 된 원인에 대하여 일부는 이슬람 다아와 역사의 자연적 발달이라고 하고 일부는 서구 사상의 침입과 정치, 경제의 지배가 일부 무슬림들에게 이슬람에 대한 정체성에 영향을 준 것이라고 했다.

수사학의 대표적인 학자 압둘 까히르 알주르자니는 가장 높은 수준의 언어로 좋은 수사적인 문체를 만들려면 아랍어 문법과 일므 알마아니(상황 따르기)를 밀접하게 연관시켜야 한다고 했다. 그는 단어들에서 완전한 의미를 선택하는 것이 목적이 아니고 표현을 가장 명확히 하는데 단어들의 의미를 어떻게 사용하느냐가 더 중요하다고 했다.

꾸란을 해석할 때 아랍어 실력은 필수이고 꾸란이 내려온 배경과 수사법 등 관련 학문들을 잘 알아야 한다. 오늘날 무슬림들이 꾸란 해석에서 서로 다르고 또 법학자들이 의견이 다른 것은 그들 각자가 법적 출처가 되는 텍스트에 대한 이해와 해석이 다르기 때문이다. 아랍어에는 동음 다의어가 있는데 같은 단어가 여러 의미를 갖는다. 동음 다의어는 단어 혼자이건 다른 단어와 같이 쓰이건 그 의미가 동의어이건 반의어이건 간에 한 가지 이상의 의미를 포함하는 것이다. 법원리학자들의 동음 다의어에 대한 이해는 언어학자의 이해보다 더 자세하고 정밀하다. 여러 다른 의미를 갖는 동음 다의어 때문에 언어학자, 법학자, 법원리학자들이 꾸란과 하디스의 텍스트 이해에서 서로 다르다.

이집트 학자 무라드 와흐바는 종교적 텍스트는 믿음의 문제라고 하고 믿음은 이성이 아닌 마음이 작동하고 마음속에는 감정이 중심이 된다고 했다. 그는 믿음을 감정의 수준에서 이성의 수준으로 변화시킬 때 종교적 텍스트에 이성을 사용하는 것이라고 했다. 무슬림들이 마음의 영역으로 족하다고 생각하면 텍스트의 해석에 대하여 관심을 두지 않는다고도 했다. 지금 중동에서 무슬림들이 이슬람에 대하여 서로 의견이 달라지는 이유들 중에는 이슬람의 바탕이 되는 꾸란과 하디스에 대한 해석이 다르기 때문이다.

여섯째, 국내 이슬람교가 사용하는 꾸란의 의미를 번역한 책이 오류가 많아서 이 책을 사용하는 국내 이슬람 연구자들의 학술 논문에는 이슬람에 대한 부정확한 논리가 양산되고 있다. 이태원 이슬람교 중앙 사원에서 발행하는 「주간 무슬림 뉴스레터」에는 꾸란 구절, 하디스, 파트와에 대한 해설이 있었는데 번역에서 역시 오류들이 있었다.

그렇다면 한국교회 안의 이슬람 연구는 어떠한가?

교회 안에는 꾸란을 체계적으로 연구하는 기관이 아직 없다. 기독교 학자들이 한국어로 된 꾸란의 의미를 번역한 책 대신에 '영어로 된 꾸란의 의미를 번역'한 책을 읽는다고는 하는데 사실 영어 번역도 책마다 오류가 있다. 아랍어를 영어로 번역하는 과정에서 아랍어가 갖는 의미역을 충분히 담을 수 있는 영어 어휘를 못 찾을 경우 그에 가장 가까운 어휘를 찾게 되는데 그 어휘가 한국어로 다시 번역되는 과정에서 아랍어 본래의 의미가 살아나지 못한다.

더구나 아랍어 꾸란에는 수사법이 매우 중요한데 그 수사법을 영어 화자가 제대로 알고 영어 수사법으로 바꿔서 번역했다고 할지라도 그 내용을 우리말로 번역하는 과정에서 아랍어 수사법의 진의를 제대로 살리기 어렵다. 그래서 무슬림들은 꾸란의 수사법 때문에 인간이 꾸란을 모방할 수 없다고 했다. 그런데 이런 수사적 의미 이외에 이슬람 법적 의미가 필요한 부분들이 있다.

또한 국내 기독교인들이 번역하거나 저술한 책에도 전문 용어들에 대한 오류들이 많다. 그 예로 언행록(하디스)을 전통이라고 하고, 메신저를 알라의 사도라고 하고, 알라를 하나님이라고 하고, 또 알마시흐를 메시아라고 잘못 이해한다. 결국 기독교 학자들의 부정확한 뜻매김은 계속해서 한국교회 성도들에게 이슬람을 잘못 이해하게 하는 원인이 되고 있다.

이슬람과 꾸란에 대한 잘못된 개념과 불확실한 해석이 쌓이고 사실(fact)을 벗어나 과도하게 과장하는 글들이 보인다. 이슬람 연구는 먼저 사실을 확인해 봐야한다. 무슬림이라고 해서 언제나 사실만을 말하는 것은 아니다. 그가 방대한 이슬람 학문에 대하여 다 알지 못하기 때문이다.

일곱째, 법원리학에서 볼 수 있는 원뜻과 마자즈의 의미를 알아야 하는데 "쌀라는 알라후 아크바르로 시작하여 앗쌀라무 알라이쿰으로 끝나는 것으로 말과 행동을 포함하는 독특한 예배"라는 법적 의미가 있다. 따라서 꾸란 연구를 하려면 아랍어 언어학- 문법, 수사학, 교리학, 법원리학, 법학, 꾸란 배경과 스토리, 나시크와 만수크, 하디스와 독경학에 대한 지식을 쌓아야 한다.

이 책은 국내 이주민 무슬림을 한국교회가 어떻게 복음적으로 접근할 수 있을까를 생각하면서 저술하기 시작했다. 국내에는 주로 동남아시아, 중앙아시아, 남아시아 무슬림들이 많이 와 있지만 무슬림이 믿는 이슬람의 기본적인 신앙은 서로 공통이기 때문에 이슬람의 기본적인 사항을 정확히 알 수 있도록 문답식으로 꾸몄다. 국내 이주 무슬림들이 근로자, 유학, 혼인과 관광으로 그 수가 늘어가면서 무슬림 여성의 니깝과 히잡, 혼인과 이혼, 상속 등에서 이슬람법 적용, 난립되는 무슬림 기도처(무쌀라), 극단적인 종교적 담론, 이슬람 혐오감으로 인한 무슬림들의 반작용, 무슬림 2세대의 학교와 사회에서의 부적응, 무슬림 난민 문제, 할랄과 수쿠크 등 우리가 관심을 가져야 할 분야들이 많아졌다.

   서울에 산 지 두 달이 되어간다. 매일 새벽을 깨우는 예배가 참 좋다. 아침에 봄비가 내려서 포근한 공기가 오랜만에 느껴진다. 생명이 움트는 이 봄날에 사랑스런 손녀가 태어나서 널브러지게 핀 꽃들이 더 예쁘다. 중동 땅에 살 때에는 이런 편안함이 없어서 힘들었는데 대한민국이 좋다. 조국의 아름다움과 평화로움을 맛보려는 한국 이주 무슬림들에게 그리스도의 사랑과 긍휼하심이 그들에게 '기쁜 소식'이 되길 바란다. 이 책에 나오는 꾸란 번역은 필자가 직접 했다. 이 책에 대한 추천의 글을 써 주신 김삼환 목사님, 조용중 박사님, 강석형 목사님, 임성빈 박사님께 고개 숙여 감사를 드리며 이 책의 교정을 맡아 주신 황원주 박사님과 최영조에게 감사를 전한다. 그리고 이 책의 출간을 허락해 주신 CLC에 깊은 감사를 드린다.

2017년 4월 26일

목 차

추천사 1 / 김삼환 목사_명성교회 　　　　　　　　　　　004
추천사 2 / 조용중 박사_한국세계선교협의회 사무총장 　　005
추천사 3 / 강석형 목사_은현교회 　　　　　　　　　　　006
추천사 4 / 임성빈 박사_장로회신학대학교 총장 　　　　　007
저자 서문 　　　　　　　　　　　　　　　　　　　　　008

제1장 _ 이슬람과 꾸란에 대하여 명확하게 이해하고 있는가?

　　1. 이슬람의 관점에서 본 이슬람　　　　　　　　　　018
　　2. 기독교 관점에서 본 이슬람과 꾸란　　　　　　　　041
　　3. 제1장 요점: 이슬람과 꾸란의 이해　　　　　　　　060

제2장 _ 이슬람과 무슬림에 대한 적절한 태도는 무엇인가?

　　1. 이슬람에 대한 서구와 한국 그리고 무슬림의 태도　064
　　2. 이슬람에 대한 기독교인의 태도　　　　　　　　　088
　　3. 제2장 요점: 꾸란의 해석　　　　　　　　　　　　098

제3장 _ 무슬림 커뮤니티에서 어떻게 그리스도를 따를 것인가?

    1. 여는 글   102

    2. 이슬람 사회가 말하는 이슬람의 온전한 개념   104

    3. 무슬림 커뮤니티에서 그리스도를 따르기 위한 지침들   123

    4. 1-3장 요점: 관점과 태도와 접근법   153

제4장 _ 한국 이주 무슬림의 현황과 특징

    1. 여는 글   157

    2. 한국 이주 무슬림의 실태   169

    3. 중앙아시아, 남아시아, 동남아시아 이주 무슬림의 특징   173

부록 _ 꾸란학과 하디스학, 시라 나바위야

    1. 꾸란학에 대하여   188

    2. 하디스학에 대하여   194

    3. 시라 나바위야에 대하여   202

제1장

이슬람과 꾸란에 대하여 명확하게 이해하고 있는가?

> 너희가 그리스도께 속한 자면 곧 아브라함의 자손이요 약속대로 유업을 이을 자니라(갈 3:29).

학습을 위한 목표와 주요 내용

1. 이슬람과 기독교, 성경과 꾸란을 비교하여 유사점과 차이점을 찾는다.
2. 이슬람을 종교, 정치, 역사, 경제, 지리, 철학, 문화, 언어 등 여러 학문 영역에서 검토한다.
3. 무슬림들은 이슬람을 포교할 대상을 "인간과 진(jinn)"이라고 한다.
4. 무슬림의 입장과 기독교인의 입장을 서로 나눠 생각해 본다.
5. 이슬람에 대하여 잘못된 이해와 모자란 지식 및 불확실한 해석이 있는지 살핀다.

학습 관련 주제

관점이 다르면 다른 종교에 대한 우리의 태도가 달라진다.

1. 이슬람의 관점에서 본 이슬람

이슬람을 바르게 이해하려면 무슬림들이 이슬람에 대하여 뭐라고 말하는지 먼저 그들의 책들과 그들의 삶의 현장을 찾아가 봐야 한다. 무슬림들의 책 중에서도 꾸란과 하디스, 시라(무함마드의 전기)가 중요하고 오늘날 무슬림들이 이슬람에 대하여 쓴 아랍어로 된 책들을 읽어봐야 한다.

이슬람 종교는 교리, 샤리아, 가치관(윤리) 등 세 요소를 갖는다. 가치관은 개인, 사회, 국제사회와 관련된 문제들을 명하고 금하는 이슬람 판결의 핵심 요소이다. 이성적으로 종교적으로 칭찬받는 행동을 하는 것이 좋은 가치라고 한다.

이슬람 종교를 보호하기 위하여 무슬림들은 이슬람법을 도입했는데 여섯 가지 믿음을 지키고 신앙공표와 몇 가지 예배 행위를 해야 한다. 그리고 종교를 보호하기 위해서는 어떤 상황에서는 지하드가 의무이다.

이슬람은 신앙과 샤리아의 조합이다. 꾸란은 교리와 샤리아를 각각 믿음과 행위라고 불렀다. 지하드는 알라를 위하여 싸우는 것이고 무슬림 예배의 한 행위이고 몸과 마음이 상관되어 있다.

무함마드가 무슬림들을 위하여 알라에게 중재(샤파아)해 준다고 한다. 꾸란은 지옥이 영원할지 또는 중단될지를 결정해 주는 확실한 문구가 없다. 그래서 지옥에 갈 사람들 중에서 고통 받기 전 또는 지옥에 떨어진 경우 그 고통에서 구조되도록 무함마드가 샤파아(지옥에서 구조되도록 간청하는 행위)를 해 준다고 한다.

이슬람은 종교적 이슈를 생각하도록 권장하는데 현대 생활에 새로운 것이 나타날 때 법적 해법을 찾으라고 한다. 이것을 이슬람에서는 '이즈티하드'라고 한다. 이즈티하드는 법적 판결을 끌어내는 법학자의 노력이다. 이즈티하드의 원리는 무슬림들의 법적 연구를 풍부하게 하는데 큰 공헌을 했다. 이런 원리가 적용되어 순니파에서는 4개의 법학파가 생겨났고 아직까지도 이런 법학파들을 이슬람 세계가 따르고 있다. 이즈티하드는 '우쑬 알피끄흐'(이슬람 법의 원리)라는 이슬람 법학의 철학적 학문이 생겨나게 했다. 따라서 이슬람은 교리와 샤리아가 핵심 요소이다.

국내에서 이슬람에 대한 글들이 자꾸만 곁길로 벗어나는 이유는 아랍어로 된 책을 읽지 않고 영어나 한국어로 된 책들을 보기 때문이다. 아랍어로 된 책들이 모두 객관적이라는 말은 아니다.

그러나 우선 아랍 무슬림들의 이슬람을 이해할 필요가 있다. 한국에는 아랍 무슬림보다는 동남아시아, 남아시아, 중앙아시아의 무슬림들이 이주민으로 와 있기 때문에 중동의 이슬람과 또 다른 특징을 갖는다. 동남아시아, 남아시아, 중앙아시아의 무슬림들의 일부는 이슬람을 배우려고 중동 특히 사우디아라비아나 이집트로 유학을 간다.

또 일부 이슬람 연구자들이 한 가지 놓치고 있는 것이 있다. 그것은 이슬람학이 각각 고유의 전문 용어(샤리아 용어, 수피 용어 등)가 있다는 것이다. 예를 들면 쌀라를 기도라고 번역하면 이것은 보통 사전적인 의미 또는 언어적인 의미라고 부른다. 그런데 쌀라에 대한 이슬람 법적 의미는 "알라후 아크바르(알라가 가장 위대하다)로 시작하여 앗쌀라무 알라이쿰(인사)으로 끝나는 것으로 일련의 말과 동작을 포함하는 예배"이다.

한국인이 생각하는 기도의 의미와 사뭇 다르다. 더구나 이런 이슬람 법적 의미는 이슬람 법원리학을 배워야 알 수 있다.

　이제 아랍어로 된 무슬림의 책에서 우리가 알아야 할 기본적인 어휘들을 살펴보자.

문) 이슬람을 바로 안다는 것이 "기도 전 청결법(우두으), 기도(쌀라), 금식(씨얌), 메카 순례(핫즈)" 등을 아는 것을 의미하는가?
답) 아니다 이슬람은 이보다 더 넓은 의미로서 여러 학문들을 배우는 것이다.

문) 그렇다면 이슬람의 학문(울룸 알이슬람)들은 무엇인가?
답) 이슬람의 학문들은 여럿인데 그 중에는 교리학, 꾸란학, 하디스학, 이슬람 율법(샤리아), 이슬람 법학과 원리들, 예언자의 생애, 이슬람 역사, 이슬람 종파(피라끄 이슬라미야), 이슬람 철학과 수피즘 등이다.

문) 이슬람이란 언어적(아랍어 어학사전의 의미)으로 무슨 뜻인가?
답) 이슬람은 언어적으로 알라에게 복종하고 저항 없이 순종하는 것이다.
　언어적 의미를 잘 알기 위하여 『현대아랍어사전』 제2권을 살펴보면 이슬람은 알라가 무함마드에게 내려준 하늘의 종교라고 했다. 그 사전에는 "이슬람은 혀로 그리고 믿음은 가슴으로"[1]라는 말을

1　아흐마드 무크타르 오마르, 『현대아랍어사전』 제2권(2008), 1100.

소개하고 있다.

(참조) 카이로대학교 다르 알울룸의 이슬람 철학과 하미드 따히르 교수는 "오늘날 무슬림들의 이슬람 이해가 잘못되어 있다"고 했다. 그는 역사도 모르고 꾸란도 모르는 일부 무슬림들의 이슬람 이해는 깊이가 없이 눈에 보이는 것뿐(자히르)이라고 했다. 이슬람을 잘못 이해하고 이슬람을 부분적으로만 이해하고 있다는 것이다.

요르단대학교 이슬람학 교수는 "이슬람을 바로 아는 무슬림들이 없다"고 했다.

문) 복종(쿠두으)은 무엇인가?
답) 알라에게 복종하는 것은 알라에게 순종하고 알라의 명령들을 기쁘게 실행하는 것이다.

문) 이슬람은 종교적으로 무슨 뜻인가?
답) 이슬람 학자들은 이슬람을 알라가 와히를 통하여 무함마드에게 내려준 교리와 법과 예배의 총칭이라고 정의한다. 알라가 무함마드에게 이슬람을 모든 사람에게 전하라고 명했다고 한다.

(참조) 이슬람 또는 무슬림이라는 단어는 알라와 율법, 무함마드에게 복종하는 것과 관계가 있다. 이슬람은 무함마드가 세상 사람들에게 가져다 준 율법이다. 이슬람은 알라가 무함마드에게 내려준 종교이다. 무슬림은 알라와 그의 율법에 복종하는 자이다. 무슬림은 무함마드의 메시지를 믿고 그 율법을 따르는 자이다.

와히는 이슬람 법적 의미로는 이슬람 법적 판단을 예언자에게 알라가 알려주는 것을 가리킨다. 이슬람에서 와히는 알라가 창조주의 세계에 있는 것을 천사를 통하여 예언자나 메신저에게 전해 주는 것이다. 와히는 하늘의 모경(라우흐 마흐푸즈: 알라가 아는 것을 기록해 놓은 것)에 기록된 대로 내려온 것이라고 한다.

문) 그렇다면 무슬림이란 무엇인가?
답) 무슬림은 알라가 와히를 통하여 무함마드에게 내려준 교리와 법과 예배에 대한 믿음을 드러낸 사람이다. 그러므로 무슬림은 알라 이외에 신이 없고 무함마드는 알라의 라술이라고 신앙공표하고 기도를 하고 자카(구빈세)를 내고 라마단달(메신저)에 금식하고 메카의 카아바에 순례를 행하는 자이다.

문) 아랍 무슬림들은 이슬람과 무슬림이 서로 다르다고 하는가?
답) 이슬람을 믿는 사람이 무슬림이므로 이슬람과 무슬림은 서로 떼어서 설명하기 어렵다고 한다.

문) 그렇다면 오늘날 무슬림들은 이슬람을 잘 알고 있는가?
답) 무슬림 학자들은 "오늘날 무슬림은 많은데 이슬람은 없다"고 말하면서 오늘날 무슬림들이 이슬람을 제대로 모르고 또 알더라도 제대로 실천하지 않는다고 한다. 이런 주장에 근거하면 오늘날 무슬림은 이슬람을 제대로 모르는 사람이 많다.

제1장 _ 이슬람과 꾸란에 대하여 명확하게 이해하고 있는가?

문) 믿음(이만)은 무엇인가?

답) 믿음은 마음에 거하고 행함이 믿음과 합치된다. 이슬람에서 옳은 행동은 믿음의 일부가 된다.

문) 무슬림은 무엇을 믿는가?

답) 무슬림은 여섯 가지를 믿는다고 하는데, 알라와 천사들과 경전들과 메신저들과 마지막 날과 까다르(선과 악을 정해 둔 운명론)이다.

문) 믿음은 줄어들거나 늘어날 수 있는가?

답) 이슬람에서 믿음은 선행으로 늘고 하람(금지)의 행위와 악행으로 줄어든다.

문) 믿음에서 떠나면 이슬람에서 떠나는 것인가?

답) 아니다. 이슬람은 큰 원 같은 것이고 믿음은 그 속에 있는 작은 원이다. 무슬림이 믿음을 지키지 않았어도 아직 이슬람의 영역에 남아 있는 것이다. 인간이 자신의 신앙을 외적인 행동으로 나타낼 때 무슬림이 되므로 그때 밖으로 드러난 행위가 이슬람이다. 따라서 이슬람은 행위의 종교이다.

① 행함이 없으면 무슬림이 아니다
② 겉으로 드러난 행위가 이슬람이다.

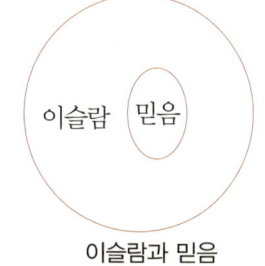

이슬람과 믿음

문) 믿음의 반대되는 말은 쿠프르인가?
답) 꾸란에서 믿음의 반대는 쿠프르(믿지 않음)이고 믿는 자(무으민)의 반대말은 카피르이다.

문) 쿠프르에 속한 사람은 어떻게 해야 하나?
답) 첫째는 그런 사람을 금하라고 한다.
둘째는 어떤 사람이 쿠프르에 속하여 있나는 반드시 재판을 해야 한다.

문) 타크피르는 무슨 뜻인가?
답) 타크피르는 언어적 의미로는 덮기라는 뜻이고 이슬람 법적 의미에서는 무슬림을 쿠프르에 속한다고 하는 것이다.
(참조) 사우디아라비아에서 발행한 파트와에는 유럽의 모스크에서 기독교인과 유대교인을 카피르라고 하지 못한다는 주장이 맞느냐에 대한 파트와에서 알라가 그들을 카피르라고 했기 때문에 그런 주장은 틀렸다(수라 9:30-31)고 했고 이 구절들에서 기독교인과 유대교인은 무쉬리크라고 말한다고 했다.[2]

문) 무쉬리크는 무엇인가?
답) 알라를 믿지 않는 것과 알라가 아닌 것을 예배하는 것 그리고 알라에게 다른 신을 두는 것을 가리킨다.

---

2 Fatawā 'Ulamā' al-Haramayn al-Sharifayni, 67

문) 20세기 후반부터 이슬람 국가에서 유행하는 타크피르 집단(자마아트 알타크피르)은 무엇인가?

답) 이집트와 이라크 등 이슬람 세계 여러 곳에서 나타난 타크피르 집단이 있는데 그들 자신은 '무슬림 집단'이라고 부르지만 종교에서 매우 과도하게 벗어난 사람들이다. 이들은 이슬람 사회를 쿠프르에 속한 사회라고 주장하기 때문이다. 무슬림들 사이에 누가 이슬람을 제대로 믿느냐 혹은 제대로 믿지 않느냐를 두고 의견이 다르다.

문) 살라피가 무슨 뜻인가?

답) 언어적 의미로는 선조(살라프)의 전례를 따르는 자이다. 선조라는 말은 무함마드와 그의 동료와 (이슬람 초기) 그의 제자들을 가리킨다.

전문 용어로서의 의미는 다양한데, 여러 사상과 학파, 법학파에 따라 서로 구별되는 의미들과 서로 다른 등급이 있다. 살라피 중에 첫째는 선조를 모방하는 자, 둘째는 선조에게로 돌아가는 자, 셋째는 문자적인 텍스트주의자(NaSSi Harfi)의 성향을 갖는 자이다.

살라피라는 말은 가끔은 개인적인 견해와 이성적인 시각보다는 낱말에 드러난 것(자히르)의 의미에 과하게 치중하는 자라고 할 수 있다. 현대에 와서 살라피는 텍스트주의자를 가리킨다. 현대의 살라피는 무함마드 븐 압둘 와합(1702-1792, 와하비즘의 창설자)이다.

문) 지하드는 성전(holy war)인가?

답) 언어적으로는 힘과 역량이란 의미이다. 전문 용어의 의미로서 지하드는 무슬림이 카피르와 싸우는 것을 가리킨다. 지하드의 실제는 손이나 혀 또는 그가 힘쓸 수 있는 것으로 적을 방어하는 데 힘을 다하는 것이다. 지하드는 이슬람에서 다음 세 가지 종류가 있다.

① 알라의 말(칼리마[3] 알라)을 고양시키기 위하여 적과 싸우는 것
② 알라의 말을 고양시키기 위하여 여러 모양으로 사탄과 싸우는 것
③ 알라의 방식을 따르기 위하여 자아와 싸우는 것

따라서 지하드는 성전이 아니다.

문) 오늘날 모든 무슬림은 같은 부류에 속하는가?

답) 이집트가 혁명 전후 언론에서는 무슬림들을 이슬라미와 마다니 두 가지로 무슬림들을 분류하였다.

---

[3] 아흐마드 무크타르 오마르, 『현대아랍어사전』(2008), 1954-55에서 칼리마는 첫째, 한 낱말, 의미를 나타내는 단어들, 알라 이외에 신이 없다는 신앙공표, 사람이 죽기 전에 마지막 남긴 말, 최종 결정, 권위와 결정, 둘째, 지식과 사물의 본질(하끼까), 셋째, 설교나 짧은 메시지처럼 구문(칼람), 넷째, 하나의 의미를 나타내는 낱말 그리고 다섯째, 기독교인들에게 3위 중에서 2위를 가리킨다.

① 아랍 혁명 이전의 분류: 마다니(민간인)와 아스카리(군인) 혹은 알마니(세속주의)와 디니(종교적)
② 아랍 혁명 이후의 구분: 마다니와 이슬라미

- 마다니=세속주의 무슬림+리버럴 무슬림+좌익 무슬림+공산주의 무슬림
- 이슬라미(이슬람주의)=무슬림형제단+알자마아 알이슬라미야+살라피+지하디

살라피 운동의 목표는 살라프 쌀리흐(존경받는 선조)들의 교리로 돌아가는 것이었다. 이슬람에서 불순물을 버리고 순수함을 추구하는 것으로써 이런 방식을 이븐 한발이 적용했고 그 뒤에 이븐 타이미야가 그 방식을 따랐다. 사우디아라비아 건국 초기에 와하비 운동을 시작한 무함마드 븐 압둘 와합은 한발리파이었으나 그의 파트와(법적 질의에 대한 법학자의 답변)는 한발리파를 따르지 않았다.[4]

이집트는 무슬림형제단(이슬람주의) 치하에서 다음과 같이 이슬람에 대하여 서로 다른 입장을 취했다.

① 무슬림형제단의 입장: 2012년 무슬림형제단의 대선 유세에

---

[4] 한발리파에 대해서는 공일주, 『이슬람 문명의 이해』, 93-94 참조.

서 그들의 선거 구호는 '이슬람이 해법이다'였고 무슬림형제단의 이슬람이 옳다고 했다.

② 세속주의 무슬림 혹은 리버럴 무슬림의 입장: 무슬림형제단의 이슬람은 정도에서 벗어났다.

③ 살라피 혹은 지하디 무슬림의 입장: 무슬림형제단의 이슬람은 샤리아(이슬람율법)를 준수하지 않고 있다.

④ 극단과 테러를 기준으로 하는 구분

- 근본주의적 극단주의
- 테러리스트
- 지하드를 하는 살라피(살라피 지하디)[5]
- 타크피리야(타크피르를 하는 무슬림): IS 조직과 알까이다(알카에다)[6]

따라서 오늘날 한국 정부가 입국을 막아야 할 대상은 위 넷째 항의 극단과 테러를 하는 무슬림들이다.

---

[5] 살라피와 지하디에 대하여는 다음을 참조하시오. 공일주, 『이슬람과 IS』(서울: CLC, 2015), 67-129.

[6] 공일주, 『아랍의 종교: 유대교와 기독교 그리고 이슬람』(서울: 세창출판사, 2013), 103, 109.

제1장 _ 이슬람과 꾸란에 대하여 명확하게 이해하고 있는가? **29**

문) 이슬람의 포교 대상은 누구인가?

답) 꾸란은 이슬람을 전해야 할 대상을 인간과 진(jinn)이라고 한다. 인간 중에는 무슬림과 비무슬림이 있고 진 중에도 무슬림과 비무슬림이 있다고 한다.

문) 진이란?

답) 진은 인간처럼 행동하므로 먹고 혼인하고 집단으로 살고 번식한다. 진은 어린이 동화에 나오는 제니(요정)로 알려져 왔으나 이슬람 입장에서 보면 제니는 좋은 일만 하는 것이 아니고 나쁜 일도 인간에게 한다.

이슬람은 알라가 인간을 창조한 목적은 "내(알라)가 나(알라)만을 예배하도록 인간과 진(Jinn)을 창조했다"(꾸란 51:56)고 한다. 여기서 우리가 주목할 것은 이슬람의 알라는 인간 이외에 진을 창조했다는 점이다. 무슬림들이 볼 때 이 땅에는 인간이 아닌 진이 산다. 진은 인간의 눈에는 보이지 않는다. 꾸란의 72장이 진의 장이다.

이슬람에서 다아와(포교)는 알라를 전하고 이슬람 종교를 전하는 것이다. 알라를 전하는 것(알다아와 일라 알라)은 움마(공동체)가 개별적으로 또는 집단적으로 행해야 하는 의무이다. 무함마드의 메시지가 유대교인과 기독교인은 물론 모든 인간에게 전해지고 인간 세계뿐만 아니라 진의 세계까지도 전해져야 한다고 했다. 다른 종교와 다르게 이슬람은 진을 포교 대상으로 삼는다.

인간은 진을 볼 수 없으나 진이 인간을 본다(수라 7:27). 진들 역시 알라의 명령들과 금지 사항들을 지켜야 한다. 그래서 진들 중에는 무으민이 있고 카피르도 있다(수라 72:7-10). 진들 중에는 쌀리흐(의무를 이행하고 곧은)의 진도 있고 딸리흐(부패한)의 진도 있다(수라 72:11). 사탄(이블리스) 또한 진의 일종이다.

진들 중 쌀리흐가 아닌 진이 사탄이다. 사탄은 진들 중의 불순종하고 반역한 자이다. 사탄은 인간의 적이고 이슬람 법적인 한계를 벗어나 불순종하고 교만하다. 사탄은 악을 행하고 인간이 악을 행하도록 속삭인다. 이블리스는 진의 일종이고 알라에게 불순종했다. 알라는 이블리스가 악을 행하고 유혹한다고 말했다.

그러나 이블리스는 인간을 장악할 수는 없고(수라 4:76) 이블리스의 목적은 속삭이는 것이라서 인간을 유혹하기 위하여 나쁜 생각을 뿌리는 것이다.[7]

이슬람을 명확하게 이해하기 위하여 다음 네 가지를 고려해보라.

첫째, 이슬람을 한 가지 측면에서만 보지 말자.

이슬람과 무슬림이란 말의 정의가 아주 다양하다. 이집트에서 아랍 혁명이 일어난 뒤 동일한 이슬람을 믿는 무슬림들이 다른 무슬림들이 믿는 이슬람이 진짜가 아니라고 했고 요르단의 이슬람학 교수는 오늘날 무슬림들이 이슬람을 그대로 잘 지켜 행하지 않는다고 했다. 우리가 한국에서 만나는 무슬림들 중에는 대부분이 온건한 무슬림들일 것이지만

---

[7] 공일주, 『꾸란과 아랍어 성경의 의미와 해석』(서울: CLC, 2016), 427.

간혹 과격한 무슬림들도 있을 수 있다.

　우리와 이슬람과의 관계에 있어서는 국제 사회라는 틀 속에서 우리가 어떤 입장을 가져야 하는지를 먼저 생각해 보아야 한다. 이슬람은 정치와 종교, 사회와 문화, 국제 외교 등 다양한 영역과 밀접한 관계를 갖고 있기 때문이다.

　이슬람을 단순히 종교로만 보게 되면 우리의 이슬람에 대한 해법은 단편적인 처방에 머물고 말 것이다. 사실 이슬람은 메시지와 가치(사회적인 윤리)와 율법(형법 등)이 서로 어우러져 있다. 이슬람 율법(샤리아)은 인간과 알라 간의 관계에 의한 제도(기도, 금식, 구빈 등), 인간과 인간 간의 관계에 의한 제도(혼인, 이혼, 매매 등), 인간과 사회 간의 관계에 의한 제도(지하드, 슈라, 윤리, 형벌)를 포함한다.

　꾸란 주석가 이븐 카시르는 이슬람교를 알라와 함께한 종교라고 하면서 기본적으로 알라의 한 분되심을 인정하고 진지한 헌신으로 행동하는 것이고 부차적으로 무함마드 커뮤니티에 연루되어 알라가 전해 준 규범이라고 정의했다. 이들의 이슬람에 대한 정의를 보면 개인으로서 알라에게 헌신하는 무슬림과 무함마드 공동체(커뮤니티)에 속한 무슬림 두 가지로 나뉜다. 따라서 우리도 무슬림에 대한 접근은 개인으로서의 무슬림과 커뮤니티 속의 무슬림으로 나눠서 다가가야 한다.

　이집트에서만 이슬람에 대한 이해가 서로 다른 세 그룹(세속적 무슬림, 살라피 무슬림, 무슬림형제단)이 있었다. 아랍 혁명이 일어난 아랍 국가에서는 이슬람이 무엇인가 그리고 이슬람의 율법이 무엇이냐를 두고 무슬림들끼리 대립하였다. 이집트의 경우, 이슬람 종교를 정치에 이용하는 무슬림형제단들이 집권한 후 일반 이집트 무슬림들은 무슬림형제단이 말하는 '이슬람'을 믿지 않겠다고 말하였다. 또 다른 이슬람주의 그룹인 살라피 무슬림들은 무슬림형제단의 '이슬람 율법(샤리아)'에 대한 해석이 잘못되었기 때문에 그들이 회개해서 알라에게 되돌아오고 그들이 잘못을 고치지 않는 한 무슬림형제단과의 화해는 있을 수 없다고 말했다.

둘째, 이슬람을 단선적으로 보지 말자.

오늘의 중동을 이슬람 과격 세력, 이슬람주의, 민주화, 독재, 테러 등 몇 개의 단어로 중동 전체가 분석되고 해석될 수 있는가?

혼돈의 도미노에 빠진 중동 사회는 대부분 사람들은 안정과 복지를 기대하며 하루하루 살아간다. 그런데 우리가 중동의 전체를 보는 시각은 언론에 비친 모습이 그들의 실상이라고 간주해 버린다. 무슬림 자신들도 무슬림은 많은데 이슬람이 없다고 한다.

여기 몇 가지 질문들이 있다.

이슬람 종교나 종파가 사회적 관계나 정치적 행위 속에서 사람들의 행동을 규제하고 인도해 주고 있는가?

이슬람교가 해법이라고 생각하는 사람들은 "네"라고 답하겠지만 종교는 알라에게 국가는 모두에게라고 주창하는 리버럴 무슬림들은 종교는 개인적인 문제일 뿐이라고 주장한다. 물론 이런 두 부류의 비율은 나라마다 다르다.

우리나라에 오는 무슬림들의 나라는 아랍 지역을 제외하고 아랍어가 아닌 다른 언어를 사용한다. 만일 아랍어를 모른다면 꾸란의 의미를 제대로 모르는 사람들이 더 많다.

그렇다면 그들이 생각하는 이상적인 이슬람을 잘 알고 있을까?

또 다른 질문은 중동 지역의 정치 경제 사회 문화가 이슬람교에 의해 규정되고 있는가?

일부는 이슬람 종교의 영향을 받고 있으나 전부가 그렇다고 보기 어렵다. 이슬람주의 정권은 이슬람교를 경제와 사회에 직접적으로 적용하려고 했다. 그런데 세속적 무슬림들은 이에 대해 반감이 컸다.

더구나 한국에 오는 이주민이 모두 동일한 종교성을 갖는 것은 아니다.

이슬람보다는 무슬림 개개인의 종교적 성향이 더 중요한 것은 아닐까?

이런 무슬림들의 개인적인 종교성은 개인의 특성에 따라 다르지만 대체로 모스크 이맘의 말을 따르기 때문에 국내 모스크의 이맘의 설교를 눈여겨봐야 한다.

이와 같이 이슬람 세계를 종교로만 분석하고 이 세상에서 일어나는 모든 사건을 종교로만 설명할 수 있는가?

가령 아랍의 봄에서 자유나 민주화는 그 구체적인 의제를 갖지 못하고 그냥 체제 타도라는 행위를 정당화하기 위해 사용되었다. 따라서 아랍의 봄을 민주화가 된 것으로 말하는 것은 정확하지 않은 표현이다. 그리고 팔레스타인의 무슬림형제단인 하마스를 테러 조직으로 규정하면 이스라엘의 군사행동의 비열한 짓을 경감시키는 결과를 낳을 수 있다.

다시 역사적 사실을 되짚어보자.

① 아프가니스탄에서 한국인을 살해한 자는 무슬림이었다.

② 이집트에서 교회에 폭발물을 설치하거나 자폭한 사람은 무슬림이었다.
③ 2001년 9월 11일 미국에서 비행기를 납치하여 무고한 시민을 살상한 사람들도 무슬림이었다.

그렇다면 이런 테러 목적은 오직 종교적인 이유 때문이었을까?
이슬람 국가에는 종교를 비지니스로 이용하는 무슬림이 있고 자신은 무슬림이라고 말하는데 그가 말하는 것과 어긋나게 행동하는 무타이슬림이 있다. 그렇다고 중동의 테러를 이슬람과 전혀 상관없다고 하는 것은 잘못된 시각이다.
시리아와 이라크의 혼란의 발단은 종교와 전혀 상관없이 오직 정치 때문이었을까?
정치권력을 잡은 자들이 종파 전쟁을 앞세운 것은 아닐까?
중동에서 일어나는 모든 일을 서구 국가 때문이라고 하는 것도 옳은 말이 아니다. 아랍 정치 지도자들이 이슬람 사회의 후진성과 자국민의 사회 보장을 위해 서민들을 돌보지 않는 것이 문제이다.
셋째, 무슬림들끼리 꾸란과 하디스 해석에 대한 차이가 있다는 것을 유념하라.

① "지하드"에 대한 해석
지하드라는 단어는 꾸란의 메디나 장에 많은데 꾸란 9:29은 다음과 같이 말한다.

> 경전의 백성들(기독교인과 유대교인) 중에서 알라와 마지막 날을 믿지 않고 알라와 그의 라술(무함마드)이 금한 것을 금하지 않고 진리의 종교(이슬람)를 믿지 않는 자들이 복종하여 지즈야를 낼 때까지 그들을 적으로 대하고 전쟁을 하라(꾸란 9:29).

과거 이슬람 국가에서는 이슬람을 믿고 받아들이면 아무 문제가 없고 거부하면 인두세를 내야하고 인두세를 거부하면 죽음을 당했다. 이런 지즈야(인두세) 제도가 이집트에서는 1854년에 사이드에 의하여 폐기되었다.[8] 그런데 국내 무슬림들이 사용하는 한국어 꾸란 번역에서는 "하나님과 내세를 믿지 아니하며 하나님과 선지자가 금기한 것을 지키지 아니하고 진리의 종교를 따르지 아니한 자들에게 비록 그들이 성서의 백성이라 하더라도 항복하여 인두세를 지불할 때까지 그들에 대항하여 성전하라. 그들은 스스로 저주스러움을 느낄 것이라"고 되어 있다.

한국어 꾸란 번역은 실제 아랍어 꾸란의 내용을 넘어서서 "싸워라" 또는 "전쟁하라"를 "성전하라"라는 말로 번역하였는데 한국어 꾸란 번역자의 반기독교, 반유대적인 성향을 엿보게 한다.

이집트 종교성이 펴낸 『꾸란 주석』(2014)에 의하면 "믿는 자들아! 아흘 알키탑(경전의 백성들) 중에서 알라에 대한 올바른 믿음을 갖지 않고 마지막 날을 믿지 않고 알라와 무함마드가 금한 것을 금하지 않고 이슬람교를 믿지 않는 카피르들이 믿을 때까지 또는 복종하여 지즈야를 낼 때까

---

[8] 이집트 일간지 「알마스리 알야움」, 2017년 1월 8일 13면(사미르 마르꾸스의 글).

지 싸워라"고 되어 있다.[9]

결국 지즈야를 낼 때까지 기독교인들과 싸우라고 한 것이다. 알라지(606년 이슬람력)는 경전의 백성이 항복하거나 또는 지즈야를 낼 때까지 싸우라고 했다. 그런데 그는 유대교인과 기독교인을 경전의 백성이라고 하면서도 그들이 알라를 믿지 않는다고 했는데 그 이유에 대한 설명은 아래와 같다.

- 유대교인들 중 무샵비하(창조주를 피조물과 비유하는 것)가 있어서 신의 존재를 부인하는 자라고 주장하고 기독교인들은 아버지, 아들, 루흐 알꾸두스(지브릴 천사)를 믿고 절대적인 존재를 찾는 것을 거부하는 자들이라고 했다. 알라지가 기독교 신학을 잘 몰라서 이런 주장을 한 것으로 보인다.
- 기독교인과 유대교인은 몸의 부활을 믿지 않고 영혼의 부활만을 믿기 때문에 마지막 날에 대한 믿음이 잘못되어 있다고 주장한다. 알라지는 "기독교인들이 칼리마의 위격(우끄눔)이 이싸에게 내려왔다"고[10] 말하는데 그것은 알라에 대한 믿음을 부인하는 것이라고 주장한다. 한마디로 알라지가 기독론을 잘 모르기 때문에 이런 주장을 하는 것으로 보인다.

---

9   지즈야는 몸과 이성이 건강한 성년의 남자에게 의무사항이었고 세금은 8–40디르함 사이였고 한 사람 당 12디르함이었다(*al-Muntakhab*[2014], 308).
10 http://www.altafsir.com/Tafasir.asp?tMadhNo=0&tTafsirNo=4&tSoraNo=9&tAyahNo=29&tDisplay=yes&Page=2&Size=1&LanguageId=1.

- 알라와 무함마드의 순나가 금한 것을 기독교인들이 금하지 않기 때문이라고 했다.
- 경전의 백성들이 이슬람교가 진리의 종교라는 것을 믿지 않는다는 것이다. 결국 무슬림은 이런 특징을 갖는 사람들과 싸우거나 이슬람교로 입교시키거나 지즈야를 내게 해야 한다는 것이다.

그런데 이 구절에서 사용된 말 "싸우라"는 지하드라는 단어가 아니고 qātala 3형 동사이다. 심지어 지하드라는 말에는 성전(holy war)이라는 의미가 없다고 이슬람 학자들이 강조하기도 했다.
그렇다면 왜 한국어 꾸란에서 이런 용어로 번역을 했을까?

② "무쉬리크"에 대한 해석
시아 12이맘파의 알따바르루시(548년 이슬람력)는 무슬림들이 용서와 관용을 강조해도 꾸란 9:5이 그 모든 용서를 무효화시킨다고 했다.

> 처벌을 면해 주는 기간이 지나면 너희들(무슬림)이 발견하는 곳마다 무쉬리크들을 죽여라...(꾸란 9:5).

무쉬리크와 계약 기간이 끝나면 무쉬리크를 무슬림이 죽여도 된다는 것이다. 그런데 여기서 무쉬리크는 알라와 공동 소유자를 두는 자인데 무슬림들은 기독교인들을 무쉬리크라고 한다.[11] 한국어로 된 꾸란의

---

11 공일주, 『꾸란과 아랍어 성경의 의미와 해석』, 444.

의미 번역을 보니 "너희가 발견하는 불신자들마다 살해하고"라고 되어 있다. 무쉬리크를 정확히 번역하지 못하고 불신자(카피르)라는 말과 혼용한 것이다.

그런데 만일 이 단어를 문자 그대로 해석하면 이 구절의 의미는 "기독교인들을 죽이라"는 말이 되지만 이 구절이 내려온 배경 안에서 이 구절의 의미를 해석하면 이 구절에 나오는 무쉬리크는 기독교인을 가리키는 것이 아니라 당시 메카에 살던 무쉬리크를 가리킨다.

따라서 위와 같은 해석을 받아들인 이집트의 리버럴 무슬림들은 기독교인들을 무쉬리크가 아니라고 하나, 이집트의 살라피 무슬림들은 기독교인들을 카피르라고 했다.[12] 살라피 전도자 파우지 알사이드는 리버럴 무슬림과 세속적인 무슬림 그리고 마르크스주의 무슬림 모두를 배교자라고 부르고 카피르라고 했다.[13] 그들이 하나님 이외에 예수를 신으로 예배한다고 생각한 것이다. 다시 말하면 무슬림들이 볼 때 알라 이외에 알라와 동등한 자를 두었다고 생각한다.

오늘날 살라피는 수피 무슬림과 시아 무슬림을 카피르라고 단죄하고 그들을 살해하려고 한다. 심지어 2017년 이집트 영화관에서 절찬리 상영되는 "마울라나"라는 영화를 살라피들이 영화 상영을 중단해달라고 했다. 왜냐하면 이 영화는 수피와 시아를 변호하고 기독교와 이슬람이 공존하자는 메시지를 담고 있기 때문이다. 이 영화는 "종교는 알라에게만 그리고 조국은 모두에게"라는 모토를 강조한 것이다.

---

12 공일주, 『아랍의 종교: 유대교와 기독교 그리고 이슬람』, 392.
13 Ibid., 91.

그런데 문제는 이집트에 이런 두 가지 흐름 이외에 다른 흐름이 없다는 것이 문제이다. 이집트 교육대학들이 아직까지도 무슬림형제단의 지배하에 있다고 한다. 그래서 무라드 와흐바는 지금의 이집트의 공공의 적은 종교적 근본주의라고 했고, 학생과 교사들의 의식을 바꾸어야 한다고 주장했다. 그렇다면 결론은 더욱 분명하다. 모든 무슬림이 아닌 꾸란을 문자적으로 해석한 일부 무슬림들이 기독교인들을 증오하거나 심지어 살해하고 있는 것이다.

넷째, 무슬림들의 종교에 대한 무지를 유의하라.
왜 일부 무슬림들이 폭력에 쉽게 가담할까?

① 오늘날 이슬람 세계의 여러 문제 특히 IS 등 테러조직이 미국 때문이라고 주장하는 무슬림 엘리트들이 있다. 꾸란이 모든 무슬림들의 법이 되고 있으므로 꾸란을 자의적으로 해석한다면 그들의 테러가 정당화될 수 있다. 그런데 이슬람이 타종교에 대하여 관용과 아량이 있다고 주장하는 무슬림은 꾸란에서 이런 내용과 관련된 구절에 집중하여 기독교인과 공존하자는 말을 얼마든지 할 수 있다. 여기서 우리는 무슬림들 안에서 이슬람에 대한 이해가 서로 다르다는 명확한 사실을 알 수 있다.

② 무슬림들에게 왜 폭력과 테러가 난무하느냐에 대한 질문에 이슬람 학자들은 그 중 하나가 종교에 대한 무지를 그 답변 중 하나로 꼽았다. 종교에 대한 무지는 결국 꾸란을 잘 모른다는 것과 귀결된다. 보통의 무슬림들은 꾸란을 해석할 수 있는 모스크의 이맘과

울라마(학자)의 해석에 큰 영향을 받는다.

③ 이슬람 세계에 대한 외세의 침략과 식민주의에 대한 반감에서 이슬람 개혁을 부르짖은 사람들이 있었다. 이븐 타이미야(몽고침략), 하산 알반나(영국 식민지), 사이드 꾸뜹(서구화), 무함마드 븐 압둘 와합(오스만 터키), 오사마 빈 라덴(반미), 아부 무쓰압 알자르까위(이라크에서 반미), 아부 바크르 알바그다디(IS) 등이 그들이다. 시대적 배경이 그들을 종교적 근본주의와 정치적 이슬람주의로 몰아갔다.

④ 종교적 담론 또는 모스크의 종교적 스피치가 문제이다. 보통의 무슬림의 입장에서볼 때 이슬람은 평화적인 종교이지만 이슬람에 무지한 어리석은 무슬림들은 폭력과 테러를 저지른다는 것이다. 이집트 알씨씨 대통령은 테러의 원인들 중의 하나가 '종교적 담론'이 문제라고 보았다. 지금은 이슬람 세계에서 타크피르 문화가 왕성하므로 이슬람 근본주의자나 이슬람주의자들의 일부가 기독교인 살해와 증오를 계속하고 있다.

⑤ 무슬림들의 이슬람 이해가 다를 수 있다. 전 세계에 살고 있는 무슬림들은 각기 사용하는 언어와 역사 그리고 해석의 과정을 통하여 이슬람을 인식한다. 오랜 역사를 거치면서 일부 무슬림들은 그들의 종교 이해가 자신만이 갖는 종파적 시각 안에 묶이기도 한다. 오늘날 무슬림들은 자신이 속한 나라의 정치적 사회적 환경에서 이슬람을 익혀왔다.

2. 기독교 관점에서 본 이슬람과 꾸란

한국의 무슬림들은 모스크 설교에서 "하나님(알라), 알라와 그의 종 간의 영적 관계(spiritual relation), 구원(나스타인), 영적 치료(루끄야, spiritual cure), 알라가 무함마드에게 꾸란을 계시했다"란 말들을 사용한다.[14] 그런데 루끄야를 영적 치료라고 한 것을 보면 이슬람 지식에 문제가 있다는 것을 보여준다. 루끄야는 이슬람에서 꾸란 구절을 주문으로 사용하는 것이므로 루끄야가 영적 치료라면 그가 말한 "영적"이란 말은 무속과 관련되기 때문이다. 루끄야는 환자가 꾸란의 한 구절을 읽거나 알라의 여러 이름들을 부르면서 알라의 보호를 구하는 것이다.

그런데 꾸란의 알라가 하나님이라고 할 수 있을까?

알라와 영적 관계를 갖는다는 말이 이슬람 신학에서 가능한가?

꾸란의 제1장에 '구원'이란 말이 아랍어 꾸란에 나오는가?

이 세 가지 질문에 대한 답은 "아니오"이다.

이슬람과 꾸란을 전공하는 기독교 학자들은 꾸란과 성경에 나오는 예언자들을 뽑아 서로 유사한 점과 다른 점을 연구하였다. 그런데 그들은 토라에서 꾸란으로 옮겨갔다는 이론을 내세우면 꾸란이 이야기하고자 하는 것을 깊이 연구할 수 없다고 했다. 또한 꾸란의 유수프와 성경의 요셉 이야기를 연구해보면 양자 간에 수많은 형식상의 근친을 발견할 수 있지만 두 이야기는 주제와 신학적, 윤리적인 면에 있어서 동일한 이

---

14 「주간 무슬림」 1326호(2017. 4.24 발행).

야기가 아니다.[15]

이슬람의 알라는 인간의 속성으로 설명될 수 없어서 형상(쑤라), 신체 수족(아아다으), 고통이나 슬픔이나 행복이나 기쁨을 느끼는 속성으로 알라를 묘사하지 않는다. 이슬람의 알라는 모든 피조물을 볼 수 있으나 인간은 그를 볼 수 없다고 했다. 인간과 하나님 간의 공유적 속성을 이슬람은 부정하고 있다.

무슬림들은 이브라힘에게 내려준 쑤후프[16]와 알라가 다우드에게 내려준 자부르와 알라가 무싸에게 내려준 타우라와 알라가 알마시흐에게 내려준 인질과 알라가 무함마드에게 내려준 꾸란을 믿는다고 한다. 하지만 오늘날 무슬림들은 타우라와 인질은 변질되었다고 주장하면서 타우라와 인질을 아예 믿지 않는다. 따라서 그들이 교리에서 주장하는 것과 실제 삶에서 실천하는 것이 서로 다르다. 기독교인들은 쑤후프가 뭔지 모르고 꾸란을 하나님의 말씀으로 믿지 않는다. 이제 몇 가지 종교적 용어를 통하여 이슬람과 기독교 간의 차이를 살펴보자.

1) 탄질과 와히

이슬람에서 이런 책들을 어떻게 알라가 예언자들에게 내려 주었는가

---

15 공일주, 『아랍의 종교: 유대교와 기독교 그리고 이슬람』, 354.
16 쑤후프는 단수형이 싸히파인데 신문 또는 기록된 종이를 가리킨다. 쑤후프 무카라마는 예언자들의 책들이고 쑤후프 울라는 타우라, 인질, 자부르를 통털어 가리키고 쑤후프 무따하라는 내려받은 책들을 가리킨다(Ahmad Mukhtār ʿUmar, *Muʿjam al-lughah al-ʿArabiyyah al-Muʿāsirah*, Vol 2, 1282).

에 대하여 무슬림들은 와히를 통하여 내려주었다고 한다. 와히는 이슬람 법적 의미로는 이슬람 법적 판단을 예언자에게 알라가 알려주는 것을 가리킨다. 와히는 이슬람 교리학에서 책이나 메시지나 알라의 말 그리고 알라의 메시지를 휴대한 천사를 가리키고 와히의 방식은 알라가 무싸에게 한 말(kalām: 꾸란 4:164), 천사가 휴대한 메시지(risālah) 그리고 꿈속에서 보았다(꾸란 37:102)고 한 이브라힘의 꿈 등이 있다.

〈표1〉 이슬람의 탄질과 와히

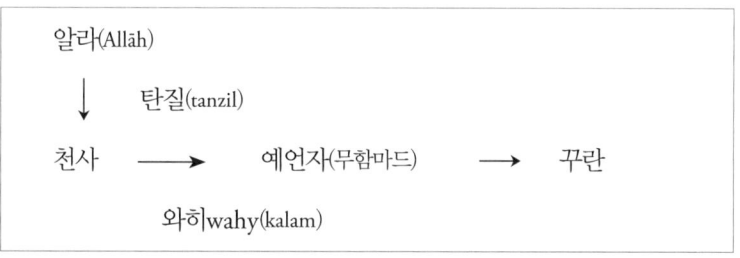

이슬람에서 와히는 천사가 무함마드에게 내려준 말이다. 이슬람에서 와히는 다음과 같다.

첫째, 알라가 메신저들의 마음속에 생각을 넣어주는 것을 통하여 알라가 말하는 것이다.

둘째, 알라가 무싸에게 말하는 것처럼 눈으로 알라를 보지 못한 채 소리만 듣는 것을 가리킨다.

셋째, 알라가 보낸 천사가 예언자들에게 알라가 원하는 것을 전하게 하는 것이다.

이런 와히를 '베껴쓰는 와히'(기계론적)라고 부른다. 여기서 주목할 것은 무함마드에게 와히를 전달한 천사는 지브릴이고 그가 무슬림들에게는 루흐 알꾸두스이다(꾸란 26:193).

그러나 아랍어 성경에서 알루흐 알꾸두스는 성령이시다. 성령은 하나님의 영이시다. 이런 차이가 이슬람과 기독교의 가장 큰 차이 중의 하나이다.

그렇다면 성경의 영감과 계시와 어떻게 다른가?

성경에서 "계시"는 하나님이 구두로 전한 진리와 역사에서 그의 활동들에 대한 영감된 설명을 통하여 자신을 드러내시려고 이니셔티브를 취하시는 초자연적인 하나님의 일이다.

성경에서 영감(inspiration)은 성령이 성경의 인간 저자들 개인의 성품을 통하여 인간 저자들을 감독하는 성령의 사역(ministry)이다. 인간 저자들은 하나님이 원하는 것을 정확하게 성경에 기록했다. 이런 사역의 결과물이 하나님의 무오한 기록된 말씀이다. 그러면 성경의 영감이란 단어는 성령, 감독, 기록이란 키워드들이 들어 있다. 아래〈표 2〉를 보면 이슬람과 기독교의 계시와 영감의 개념은 서로 다르다.

〈표 2〉 기독교의 영감과 계시

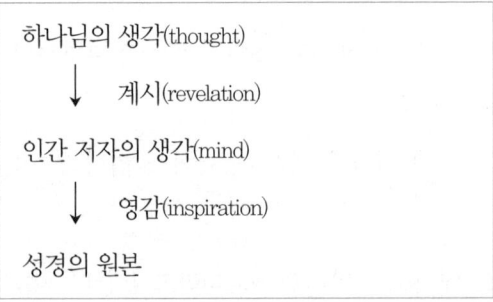

그렇다면 아랍어 어휘 의미에 익숙한 아랍 무슬림들은 성경의 영감을 올바르게 이해할 수 없다는 말이 된다. 그 이유는 아랍어사전과 꾸란사전에서 보았듯이 성경의 영감을 드러내는 단어가 없고 또 아랍에서 만난 아랍 무슬림들에게 이 단어의 의미를 물으니 사람마다 의미가 조금씩 달랐다.[17]

이슬람에서는 알라의 말(word)이 책이 되었고(inlibration), 기독교인들에게는 하나님의 말씀(the Word)이 육신이 되었다(incarnation).[18] 아래 표와 같이 이슬람에서는 알라의 말이 예수 그리스도가 아닌 알라의 책, 즉 꾸란이 되었다는 것이다.

2008년 베이루트에서 발간된 『그리스도 복음의 참 의미』(알 마으나 알 싸히흐 리인질 알마시흐)에서는 '와히'를 하나님이 예언자의 생각(아끌)에 말하는 방식이라고 했다. 그런 경우 예언자는 피동적으로 받는 기계가 아니고 이 메시지와 함께 상호 작용하는 인물이라고 한다.[19] 예언자가 하나님의 메시지를 받기 위하여 인간적인 모든 능력과 이성적(아끌리) 재능을 사용하였고 이 메시지를 백성들에게 적합한 형식으로 전했다.

따라서 이슬람의 와히는 성경의 영감과 계시와 차이가 나기 때문에 이슬람은 알라가 책을 내려주었다(sent down)고 하고 알라가 자신을 계시하였다고 하지 않는다.

---

[17] 공일주, "언어와 해석학의 관점에서 꾸란의 아랍어 의미와 해석," 「아랍과 이슬람 세계」 제1집(2014), 206-208.
[18] 공일주, 『코란의 의미를 찾아』(서울: 예영, 2009), 20.
[19] al-Hadi Jatlawi, *al-Ma'na al-SaHiH li-Injil al-MasiH* (Beirut: Dar al-Farabi, 2008), 7.

〈표3〉 책(꾸란)과 성육신의 차이

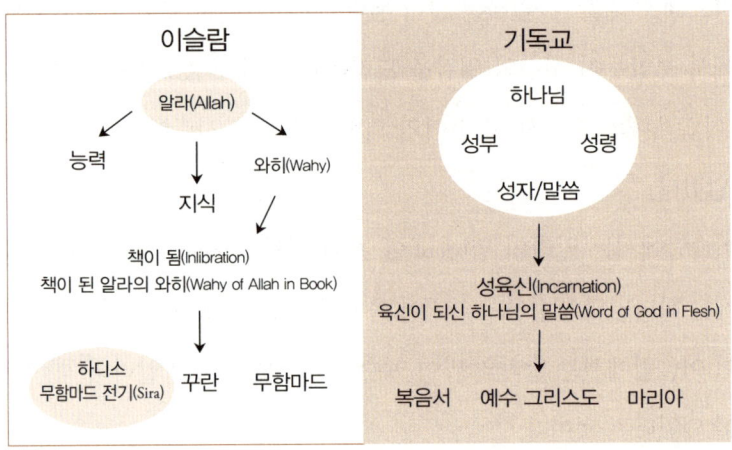

2) 루흐와 나프스

또 다른 어휘 루흐와 나프스는 같은 것인가 아니면 서로 다른 것인가를 두고 이슬람 학자들 사이에서 그 의미에 대하여 서로 다른 견해를 갖는다. 일부 무슬림들은 이 두 단어가 한 가지를 가리킨다고 하고 다른 무슬림들은 이 둘이 서로 다른데 루흐에는 생명이 있고 나프스는 몸과 루흐가 함께 있는 것을 가리킨다고 했다. 그래서 나프스는 두 개의 손과 두 개의 눈과 두 다리 그리고 이들을 통솔하는 머리가 있다고 한다. 나프스는 기뻐하고 아파하고 슬퍼했다고 한다.

꾸란과 순나에는 루흐가 여러 가지 의미로 사용된다. 꾸란 40:15에서 루흐는 와히의 의미이고 죽음과 같은 쿠프르의 사람에게 생명을 주므로 루흐를 꾸란이라고 하고 또 루흐를 지브릴이라고 한다(수라 26:193-194).

꾸란 42: 52에서는 예언 또는 꾸란을 가리킨다.[20]

나프스가 떠났다는 말은 루흐가 떠났다는 말이고 어떤 사람이 자신을 죽였다고 하면 그때 나프스는 그 사람 자신을 가리킨다. 꾸란 4:29에서 나프스는 인간 전체와 인간의 본질(하끼까)을 가리키고 나프스는 피를 가리킨다.[21]

『현대아랍어사전』에서 나프스를 다섯 가지로 설명한다.[22]

① 나프스 나띠까는 인간의 나프스이다.
② 나프스는 자신을 가리킨다.
③ 나프스는 (문제의) 본질이다.
④ 나프스는 몸과 루흐를 합친 것(dhat)이다.
⑤ 양심과 마음을 가리킨다.

또한 이 사전에서 루흐의 의미를 다음과 같이 말하고 있다.[23]

① 나프스이고 루흐로 인하여 몸에 생명이 있다.
② 와히와 예언이다.
③ 꾸란이다.

---

20 *al-Fatwa al-islāmiyyah*, Vol.10(Cairo: wizarah al-Awqāf, 2015), 3670
21 Ibid., 3671.
22 Ahmad Mukhtār ʿUmar, *Muʿjam al-lughah al-ʿArabiyyah al-MuʿāSirah*, Vol.3(Cairo: ʿālam al-Kutub), 2255.
23 Ibid., Vol.2, 956.

④ 물질과 대조가 되는 의미 이외에 두 가지 의미들이 더 있다.

    이상과 같이 루흐와 나프스는 어느 문맥에서 사용되느냐에 따라 의미들이 다르고 꾸란과 하디스에서 어느 구절에 사용되느냐에 따라 그 의미 차이가 있다. 두 어휘는 의미상 서로 다르고 또 둘 중 하나가 다른 어휘 대신에 꾸란과 하디스에 사용되므로 이런 경우 원뜻(하끼까)이 아니고 마자즈(원뜻이 아닌 다른 의미로 사용되는 말)라고 할 수 있다.

    또 루흐가 죽느냐 죽지 않느냐에 대해서 이슬람 학자들의 의견들이 다른데 혹자는 루흐가 죽는다(수라 28: 88)고 하고 다른 학자들은 하디스에서 루흐가 분리된 다음에 알라가 몸으로 되돌려 준다고 말한다. 그래서 일부는 루흐가 죽는다는 말은 루흐가 몸과 분리된다는 의미라고 하고 나프스는 몸과 루흐의 합이라고 한다.

    죽음으로 루흐가 몸에서 분리되면 루흐가 거처하는 곳에 대한 대답도 학자마다 다르다. 혹자는 예언자들의 루흐들은 높은 곳 중에서 가장 높은 곳에 있다고 하고 순교자들의 루흐가 가는 곳은 잔나(극락)라고 하고 믿음을 가진 어린이의 루흐는 잔나에 가까이에 있고 무슬림이 아닌 자의 루흐와 믿지 않는 자의 루흐는 감옥에 갇혀 있다고 했다. 루흐가 몸에서 떠나면 잔나나 감옥으로 가는데 부활의 날에 사람들이 부활할 때까지 루흐가 고문을 당한다고 한다. 인간의 상과 벌은 몸과 루흐가 함께 받는다고 했다.[24]

---

[24] *al-Fatwa al-islāmiyyah*, Vol. 10, 3672.

3) 이싸와 예수

무슬림들 중 일부는 꾸란에 나오는 "이싸"를 예수라고 번역하여 사용하기 때문에 무슬림을 처음 접하는 기독교인들은 혼동하기 쉽다. 무슬림들은 기독교인들(나싸라)이 "이싸"를 믿는다고 말한다.

그러나 꾸란과 성경에서 사용되는 어휘가 유사하거나 동일하더라도 그 개념에서는 큰 차이가 있는 경우가 있다. 사실 무슬림이 믿는 꾸란의 "이싸"는 성경의 "예수 그리스도"와 여러 면에서 서로 다르다. 꾸란에서 이싸는 하나님의 아들이 아닌 인간 피조물이고, 십자가에 못 박히지 않고 죽지도 않았다(꾸란 3:55; 4:158)고 했다. 복음서에서 알마시흐가 십자가에 죽임을 당하고 다시 부활하여 하나님 나라에 대하여 말했다고 하는 것을 무슬림들은 하나님 나라(말라쿠트 알라)가 무함마드의 나라(말라쿠트 무함마드)라고 주장한다.[25]

이슬람의 전승에 따르면 이싸가 다시 이 땅에 와서 십자가를 다부수고 돼지를 죽이며 이싸가 이슬람을 전파한다(Sahih Bukhari Vol 3, Book 34, Number 425)고 말한다. 또한 꾸란의 이싸는 성육신하지 않았고 인간과 그의 본성이 같다고 했다. 우리는 꾸란에서 말하는 "이싸"가 성경의 예수와 유사한 점이 있지만 결국 서로 다르다는 것을 알 수 있다.

파트와(법적 질문에 대한 법학자의 답변)에서 이싸는 누구라고 하는가?

꾸란에는 이싸의 마지막에 대하여 세 구절이 언급되고 있다. 아알 이

---

[25] *Haqā'iq al-'islām* (Cairo: wizarah al-Awqāf, 2016), 525.

므란 장(3장)의 52-55절, 알니싸 장(4장)의 157-158절, 알마이다 장(5장)의 116-117절이다. 그동안 해석의 논란이 된 구절들을 다시 확인해 보자.

(1) 무타왑피카(mutawaffika)

5:117에 나오는 타왑파이타(tawaffayta)는 "네가 (나의 루흐)를 가져갔을 때"(you took my soul)[26] 또는 "네가 나의 체류 기간을 끝나게 했을 때[27]"이므로 "네가 나를 죽게 했을 때"라는 말이다. 『현대아랍어사전』을 보면 "알라가 그 사람을 tawaffā 했다"고 하는데 그를 죽게 하다 또는 그의 루흐를 집어가다(채가다)의 뜻이다. 타왑파(tawaffā)는 이외에 그를 잠자게 하다의 뜻이 있고 꾸란 3:55에서 무타왑피카는 땅에서 죽음 없이 그의 루흐를 가져간다는 뜻이다.[28] 그런데 『꾸란 주석』에서는 "아무도 너를 죽이게 하지 못하게 했다"[29]라고 적었다.

결국 꾸란에 나오는 타왑파는 "죽음"의 의미와 "잡아가다"의 의미가 모두 있다. 그래서 이집트 종교성이 발표한 파트와에서는 위 꾸란 구절 3:55와 5:117에 나오는 위 단어들을 "땅에서 너를 잡아가다"라는 말로 해석했다.[30]

그러나 알안암(6) 장 60절에 나오는 야타왑파(yatawaffā)는 "잠"을 의미

---

[26] M. A. S. Abdel Haleem, *The Qur'an*(Oxford: Oxford University Press, 2006), 79.
[27] *al-Muntakhab*, 203.
[28] Ahmad Mukhtār 'Umar, Mu'jam al-lughah al-'Arabiyyah al-Mu'āSirah, Vol.3, 2475.
[29] *al-Muntakhab*, 96.
[30] *al-Fatwā al-islāmiyyah*, 3694.

한다. 그리고 이 세상에서 죽은 다음에 저세상에서 루흐가 몸으로 들어감(바으스)을 의미하기 때문에 잠에서 깨어나는 것을 의미한다.[31]

그러나 이런 해석들 중 어느 것이 정확한 해석인지는 꾸란 초기의 해석들을 찾아봐야 한다. 사실, 이싸가 죽지 않았다고 이슬람 신학자들이 결정한 뒤에 꾸란에 나오는 동일 어휘들을 문맥에 따라 다른 의미라고 해석했을 수 있기 때문이다.

(2) 라피우카 일라이야(rāfiʻuka ʼilayya)

아알 이므란 장의 "라피우"와 알니싸 장(4:158)의 "라파아"는 대부분의 꾸란 주석가들이 알라가 이싸를 하늘로 들어올렸다는 의미로 해석한다. 알라가 아알 이므란 장에서 약속한 것을 알니싸 장에서 성취한 것을 알려주는 내용이라는 것이다. 꾸란에서 "라파아"라는 단어는 신체적으로 들어 올리는 것과 "높임(takrīm)과 영광스럽게 함(tashrīf)"을 의미한다. 이싸를 적으로부터 몸과 루흐를 구조하기 전에는 그가 잠자거나 실제로 살아 있어야 한다. 그래서 이싸를 들어올려서 죽음과 십자가형으로부터 그를 구했다고 해석했다.[32]

(3) 슙비하 라훔(shubbiha lahum)

슙비하 라훔(4:157)은 "그들에게 모호하게 보였다"는 뜻이다. 기독교인들은 예수를 실제로 십자가에 못 박았다고 말하지만 무슬림들은 이싸

---

31 Ibid., 3694.
32 Ibid., 3695.

를 닮은 사람을 죽여서 십자가에 못 박았다고 말한다. 무슬림들은 죽은 자가 이싸인지 이싸가 아닌지에 대해서는 서로 의견이 달랐다. 위 구절의 앞뒤 꾸란 구절을 읽어보면 "그들 모두가 그 문제에 의혹이 쌓여 있었다. 그들이 말하는 것은 확신이 아니라 짐작인 것이다. 이싸를 절대로 죽이지 않았다"고 했다.[33]

꾸란 주석가들은 이싸와 이싸를 대신하여 죽은 사람이 서로 어떤 유사한 특징이 있고 또 어떻게 닮았는지에 대하여 의견이 달랐다. 꾸란 주석가 알따바리는 전하기를 유대인들은 이싸와 그의 동료들이 같이 서 있었을 때 이싸를 죽이려고 한 사람은 누가 진짜 이싸인지를 몰랐었다고 주석했다. 알라가 그들 모두를 이싸와 그 이미지를 닮게 해버린 것이다. 유대인들이 생각하기에는 그들이 죽인 사람은 이싸라고 생각했는데 이싸가 아니었다.

또 다른 주석가들은 이싸의 동료들 중 이싸를 닮은 사람을 유대인이 잡아서 그를 죽였다고 했다.[34] 아랍어에서 "슙비하"는 "실체를 알아보지 못할 정도로 눈이 멀어 혼동하다"라는 뜻이다.[35] 이 말은 "슙비하"는 "(모호하고 닮아 보여서) 구분하지 못했다"는 의미이다. 분명하지 않았다는 것이다.

꾸란의 이 구절은 독자들에게 "이싸가 죽었다, 잤다, 잡아채서 옮겨

---

33 al-Muntakhab, 166.
34 공일주, 『이슬람 문명의 이해 : 고전 이슬람과 현대 이슬람의 만남』(서울: 예영커뮤니케이션, 2013), 227-229.
35 Ahmad Mukhtār ʿUmar, Muʿjam al-lughah al-ʿArabiyyah al-MuʿāSirah, Vol.3, 1989.

져 들어올려졌다" 중 어느 것이 맞는지 알려주지 않는다. 그런데 이집트 파트와에서는 알라가 유대인들로 하여금 이싸를 죽이지 못하게 했다는 것을 강조한다. 그들(유대인)에게 그 문제를 모호하게 하여 그 본질을 알지 못하게 했다는 것이다. 그래서 기독교의 예수의 십자가 죽음과 부활에 대한 믿음과 달리 무슬림은 이싸의 죽음과 이싸의 십자가를 부인하였다. 무슬림들은 이싸를 알라에게로 들어 올렸다고 해석했다.

무슬림들은 이싸가 죽어서 십자가형을 받았다는 것을 믿는 사람은 이슬람에서 떠난 것[36]이라고 했다. 그리고 이싸가 살았는지 죽었는지 잤는지에 대하여 의견이 무슬림 사이에 분분하고 만일 살아 있었다면 그후 살았던 장소는 어디인지 그의 삶의 모습은 어떠한지 꾸란이 정확히 알려주지 않기 때문에 의견이 서로 다르다. 이슬람에서 대부분은 이싸가 알라 곁에 살아있다고 했으나 그 삶이 어떠한지 그 삶의 성격이 어떠한지 증거를 찾지 못하였다.[37]

(4) 이싸가 땅에 내려옴

순나 책의 여러 하디스에는 이싸가 땅으로 내려와서 이슬람을 전하고 이슬람의 샤리아대로 재판하고 무함마드의 본을 따를 것이라고 말한다. 알부카리의 하디스에는 "이븐 마르얌이 정의로운 판결을 하고 십자가(Salīb)를 부수고 돼지를 죽이고 지즈야(자카를 지불하지 않는 비무슬림이 이슬

---

[36] *al-Fatwā al-islāmiyyah*, 3697.
[37] Ibid., 3697.

람 치하에서 살 때 국가에 내는 인두세)가 취소된다"[38]고 했다.

(5) 이싸가 내려온다는 것을 부인하는 자에 대한 판결

이싸가 이 땅으로 내려온다는 것이 절대적인 증거가 없고 또 자주 여러 사람에 의하여 전해지지 않았다. 꾸란 구절에서도 이싸가 내려온다는 확실한 증거가 없다. 꾸란 4:159과 43:61은 여러 해석들을 갖고 이슬람 교리는 확실한 절대적인 증거가 있어야 하므로 이싸가 내려와 땅으로 돌아온다는 것을 부인하는 자는 이슬람에서 떠난 것이 아니고 카피르로 간주되지 않는다.[39] 그러므로 이싸가 내려온다는 것을 부인하는 자를 카피르라고 해서는 안 된다고 했다.

(6) 이싸의 죽음을 말하는 자에 대한 판결

앞서 말한 대로 꾸란의 3:55과 5:117에 나오는 표현이 죽음, 잠, 데려감이란 의미들을 가질 수도 있으므로 이싸의 생명에 대한 구절들의 의미는 절대적이지 않다. 무슬림들 중 이싸가 진짜 죽었다고 말하는 사람은 그럴 가능성이 있다는 것으로 재해석한 것이다. 무슬림들은 이처럼 기독교와 전혀 다른 인식을 하고 있기 때문에 그들의 세계관에 맞는 접근이 필요하다.

그 중 하나는 수치-명예 패러다임을 들 수 있다.

누가복음 1장에 나오는 '자녀를 못 낳는 부부의 이야기'와 누가복음

---

[38] Ibid., 3697.
[39] Ibid., 3698.

15장의 '탕자의 이야기'는 무슬림들의 문화와 긴밀하게 연관되어 있어서 무슬림과 나누기에 아주 좋다. 아비야 반열의 제사장인 사가랴와 아론의 자손인 엘리사벳이 둘 다 제사장 가문(눅 1:5)인데 제사장 가문은 정결과 깨끗함의 상징이었고 명예스런 가문이었다. 그런데 그들에게 자녀가 없는 것은 이스라엘 문화에서는 수치(창 16:4; 11:29-32; 30:1,23)였다.

창세기 30:23에서 라헬은 "잉태하여 아들을 낳고 가로되 하나님이 나의 부끄러움을 씻으셨다"고 했다. 유대인들은 자녀를 통하여 구원의 때까지 생명을 이어간다고 생각했다. 그렇기에 자녀를 못 낳으면 멸시당하고 부끄러움을 당했다. 창세기에는 하갈이 여주인을 멸시한 이야기도 있다.

> 아브람이 하갈과 동침하였더니 하갈이 잉태하매 그가 자기의 잉태함을 깨닫고 그 여주인을 멸시한지라(창 16:4).

누가복음에서 엘리사벳은 자신의 수태가 하나님의 개입이라고 생각했다. 수태 전에는 부끄러움을 당한 비천한 여자였으나 수태 후에는 하나님이 그녀의 부끄러움을 없애 주셨다(눅 1:25)고 했다. 엘리사벳은 그녀의 부끄러움을 없애시려고 하나님께서 자녀를 갖게 하셨다고 고백했다.

또 누가복음 15:11-32은 무슬림들이 좋아하는 이야기체로 되어있고 예수님이 말씀하신 복음의 진수가 들어 있다. 무슬림들이 싫어하는 돼지와 무슬림들이 중요하게 여기는 가족에 대한 충성, 명예(체면)에 대한 내용들도 들어 있다. 무슬림들은 아버지가 상속하시기 전에 자녀들이 아버지 재산을 달라고 하는 것은 아버지에게 불명예와 수치로 여겼다. 아들이 아버지의 재산을 가지고 가버려 아버지의 체면이 손상되었다. 그리고 체면이 손상된 아버지는 탕자가 돌아오기만을 기다렸다(눅 15:20). 그런데 이 이야기는 우리에게 결론을 열어두고 있다.

그 결론의 하나로서 우리는 무슬림에게 만일 네가 큰 아들의 입장이라면 어떻게 했을 것 같으냐?

만일 이 이야기 속의 아버지가 하나님이라면 하나님의 사랑에 어떻게 반응하겠느냐?라고 물을 수 있다.

이처럼 누가(Luke)는 예수님의 가르침을 소통시키는 데 수치-명예 세계관을 사용하고 있다. 무슬림과 의사소통에서 우리가 수치와 명예 세계관에 대하여 관심을 가져야 하는 이유는 수치-명예가 무슬림들의 주요 세계관이라는 사실이고 민속 무슬림들에게는 두려움—능력 세계관에 더 많이 연관되어 있다. 그러므로 우리는 무슬림과의 만남에서도 하나님의 인애(헤세드)를 잊지 말아야 하고 그들의 사회적인 필요를 채워주고 그들과 복음을 나눌 수 있어야 한다.

이슬람권 선교 초기부터 한국 기독교인들은 적절하게 무슬림들에게 다가가지 못했다. 성경을 서구인들의 신학으로 전할 때 무슬림들은 서구적인 성경 해석에 강한 거부감을 나타냈다. 예를 들면 이삭과 이스마엘을 각각 유대인과 무슬림으로 대입시킨 후 이스마엘은 저주받았다고 해석하는 것은 무슬림 전도에 도움이 안 되었다. 무슬림들 중 일부는 자신들이 '이스마일'의 후손이라고 생각한다.

또 다른 하나는 이슬람이 기독교, 유대교와 더불어 아브라함의 종교라는 것을 강조하는 경우이다. 이런 시각은 종교 간의 접촉점을 통하여 대화의 자리에 나아갈 수 있는 장점도 있으나 성경의 이스마엘과 꾸란의 이스마일이 서로 다른 점이 있다는 것을 놓치게 된다. 우리에게 필요한 것은 우리의 이해와 해석이 성경에 부합되는지를 먼저 살피고 성령의 인도하심을 따르는 것이다. 특히 국내에 이주한 무슬림들의 조국에 사는 기독교인들의 공동체가 성경을 어떻게 이해하고 해석하는 지도 잘 알아야 한다. 그런 점에서 우리는 탈 서구 신학에 관심을 가져야 하고 우리가 이해하는 신학과 그와 관련된 개념들이 이슬람 신학과 어떤 차이가 있고 그들의 세계관과 문화인식이 우리와 어느 부분에서 차이가 나는지를 먼저 살펴봐야 한다. 예수 그리스도의 삶, 인격, 행하신 일과 복음이 우리에게 가장 중요한 주제가 되기 때문이다.

다음과 같이 요약할 수 있다.

① 무슬림들이 이슬람을 전하는 대상이 인간 무슬림과 진(jinn)이므로 우리는 무슬림을 단순히 인간만 대상으로 하는 것이 아니라 그들이 믿는 "보이지 않는 세계의 존재"를 대상으로 해야 한다. 그러므로 무슬림에 대한 전도와 제자화에서 반드시 영성 형성(spiritual formation)에 관심을 가져야 한다.

② 아랍 혁명 이후 "이슬람이 해법이다"고 외쳤던 이슬람주의자들이 정치와 종교에서 실패하면서 많은 무슬림 청년들이 "알라는 없다"고 무신론자로 변해버렸다. 지금 이슬람 국가에서는 "이슬람

에 대한 무슬림들의 잘못된 생각을 바로 잡자"는 캠페인이 벌어지고 있다. 무슬림들의 이슬람에 대한 잘못된 생각과 비뚤어진 생각이 과도함이나 도를 지나쳐서 타크피르나 극단으로 치닫는다고 말한다. 그래서 이슬람 학자들은 이슬람의 아량과 문화적 대화와 인류 간의 평화적 공존 그리고 인도적 및 윤리적 가치를 고양하고 모든 인류의 행복을 실현하도록 "바른 개념의 이슬람을 전하자"고 한다.

③ 국내에서는 이슬람에 대한 무슬림들의 부정확한 지식과 잘못된 꾸란 번역으로 비무슬림들에게 잘못된 이해를 낳았고 비무슬림들의 사실에서 벗어난 과장된 주장이 도를 넘어선 지 오래이다. 해법은 이슬람에 대한 연구 과정을 교회나 신학대가 열어서 새로운 세대들이 바르게 이슬람을 이해하도록 해 주고 교회학교 공과 중 한 단원을 "성경 속의 아랍인(신구약)" 또는 "구약의 이스마엘"(창 16장) 또는 "신약의 하갈과 시내산"(갈 4:24), "신약의 바리새인" 그리고 신명기 18:18(너와 같은 선지자), 요한복음 14:16(보혜사) 등에 대한 글을 넣어 이슬람과 무엇이 다른지 밝혀주어야 한다.

④ 대한민국 법무부와 정부가 한국 입국을 거절해야 하는 무슬림들은 근본주의적 극단주의 무슬림, 테러를 하는 무슬림, 지하드를 하는 살라피, 그리고 타크피르를 하는 무슬림들이다.

⑤ 국내 무슬림과 이주 무슬림의 연결망과 웹사이트를 모니터하는 사람들이 필요하고 이들이 어떤 이슬람 성향을 갖는지 알아보는 것도 매우 중요하다.

제1장 _ 이슬람과 꾸란에 대하여 명확하게 이해하고 있는가?

그리고 무슬림에 대한 이해를 바르게 하려면 다음과 같은 사항을 유의해야 한다.

① 이슬람에 대한 '잘못된 이해'가 없어야 한다. '잘못된 이해'란 이슬람교의 실제 모습에서 벗어난 이해이다. 그 예로 "꾸란과 성경이 동일한 한 분의 신과 하나님과 서로의 경전이 공통으로 제시하는 동일한 인물, 사건, 주제들을 갖는다"고 말한 것은 잘못된 이해이다. 이런 잘못된 이해를 무슬림들이 갖는 이유는 그들이 꾸란과 순나의 말에다가 개인의 생각이나 학설의 생각을 첨가하여 이슬람을 이해하기 때문이다. 무슬림들도 비이성적인 동료들의 생각들 속에 잘못된 이슬람 이해를 주입하는 경우가 있다.

② 이슬람에 대한 '모자란 이해'를 버려야 한다. 이슬람에 대해 '모자란 이해'는 이슬람 전체 중 부분만을 알고 다른 부분들은 무시하고 어떤 특정 부분만을 붙들고 있는 경우이다. 그 예로 "무슬림은 잠재적인 테러리스트다"라고 하는 것은 모자란 이해이다. 이런 이해의 배경에는 항상 정치적인 이유가 있었다. 이슬람에 대한 '모자란 이해'를 갖는 사람들은 기성 정치권의 제도에 있는 사람들을 따르면서 그들의 이슬람 이해를 따라가고 그러다 보니 결국 소속된 정치권과 다른 말을 하면 그 말을 아예 거부하는 경향이 있다.[40]

③ 꾸란과 하디스에 대한 '불확실한 해석'이 문제이다. 그 예로 한국

---

40 무슬림들은 이슬람의 올바르고 온전한 개념은 교리, 실천해야 하는 의식(샤아이르), 윤리, 입법에 대하여 잘 알아야 한다고 말한다.

의 기독교인과 무슬림들이 꾸란의 번역에서 많은 오류를 범하고 있다. 꾸란의 이해와 해석에서 정확성이 결여되는 경우가 많은데 그 이유는 아직 한국의 무슬림들이 자신이 속한 종파(순니파) 해석에만 의존하고 그 밖의 다른 종파들과 시아, 수피, 철학자, 법학자들의 해석을 참조하지 않기 때문이다.

3. 제1장 요점: 이슬람과 꾸란의 이해

1) 이슬람과 꾸란에 대한 명확한 이해: 개념과 의미의 문제

① 지금 이슬람 학자들은 무슬림들이 이슬람과 꾸란에 대한 잘못된 개념을 사용하고 있다고 개탄한다(증거: "바르게 고쳐야 할 개념들"- 타크피르, 칼리프 제도, 지하드, 테러, 인두세, 전쟁의 영역[다르 알하릅], 시민주권[무와따나], 알라의 주권적 통치[하키미야], 2015년 이집트 종교성 발간).

② 무슬림들이 이슬람을 잘못 이해하고 하디스를 잘못 해석하는 것이 큰 문제이다. 알씨씨 대통령은 이슬람에 부정적인 영향을 주는 종교적 담론을 새롭게 바꾸자고 연설했다(증거: http://www.nileinternational.net/en/?p=32358).

③ 꾸란의 언어인 아랍어의 현실이 사회적, 정치적, 시대적 문제와 맞물려 있고 아랍 세계가 아랍어에 대한 무지로 종교적 텍스트를 올바르게 이해할 수 없어서 극단과 과격 성향을 가진 무슬림을 양

산한다(증거: Husam AHmad Qāsim, *al-MuHtawā al-Dilālī lil-waZā'if al-NaHwiyyah* [Cairo: Cairo University, 2014], 21).

④ 한국의 무슬림들이 이슬람 용어의 정확한 규명 없이 기독교 용어 사용을 남발하고 있다(증거, 한국어로 번역된 꾸란의 의미 번역- 계시, 구약성경, 구원, 기독교, 마리아, 롯, 메시아, 모세, 믿음, 복음, 성령, 속죄, 세례, 시편, 아담, 아브라함, 야곱, 예수, 예언자, 요셉, 요한, 욥, 이스마엘, 천국, 하나님, 하만).

2) 교회가 유의할 사항

① 꾸란과 이슬람에서 사용하는 종교 용어, 전문 용어, 법적 용어는 기독교의 신학 용어와 성경적 의미와 크게 다른 경우가 많다.
② 꾸란의 예언자의 이름과 성경의 주요 인물들이 이름이 비슷하다고 하여 동일 인물은 아니다.
③ 그 예로, 꾸란에서 이싸는 십자가에 돌아가시지 않고 하나님의 아들도 아니고 성육신하지 않았고 신성을 갖고 계시지 않는다고 하고 이슬람 전승에서는 종말에 이싸가 십자가를 부수고 이슬람을 전한다고 하므로 그런 이싸는 성경의 예수 그리스도가 아니다.

※ **보충 교재**(공일주, 『아랍의 종교: 유대교와 기독교 그리고 이슬람』)

1. 꾸란의 이브라힘과 이스마일은 성경의 아브라함과 이스마엘과 유사점과 차이점은 무엇인가? (112-136)
2. 이슬람의 여섯 가지 믿음과 다섯 가지 기둥은 교리와 율법과 어떤 관계인가? (150-169)
3. 꾸란의 이싸와 성경의 예수는 유사점과 차이점이 무엇인가? (299-314)
4. 이슬람(순니, 시아파), 유대교, 기독교의 종말론의 차이는 무엇인가?
5. 암만 메시지와 이슬람, 메카의 파트와 헌장과 샤리아, 공통된 말과 종교 간 대화가 왜 생겨났는지 그 발생 근거를 찾아보자.

Understanding Islam of the Muslim
community and our witness to Muslims

제 2 장
이슬람과 무슬림에 대한 적절한 태도는 무엇인가?

예수께서 가라사대 네 마음을 다하고 목숨을 다하고 뜻을 다하여 주 너의 하나님을 사랑하라 하셨으니 이것이 크고 첫째 되는 계명이요. 둘째는 그와 같으니 네 이웃을 네 몸과 같이 사랑하라 하셨으니 이 두 계명이 온 율법과 선지자의 강령이니라(마 22:37-40).

학습을 위한 목표와 주요 내용

1. 이슬람의 전문 용어는 전문 용어사전이 필요하다는 것을 아는가?
2. 우리의 태도가 이슬람과 무슬림의 다양성에 근거하고 있는가?
3. 이슬람 국가에서 핍박받고 있는 기독교인들과 이슬람 국가가 BMB(무슬림 배경의 신자)를 신성모독죄와 배교죄를 씌워 박해하는 것을 어떻게 생각하는가?
4. 이슬람의 종교 용어와 기독교 종교 용어 중 동일 어휘가 다른 의미를 갖는다는 것을 아는가?
5. 무슬림에게는 공동체 소속감과 가족과의 결속력이 매우 중요하다는 것을 아는가?

학습관련 주제

우리의 태도가 달라지면 선교의 열매가 달라진다.

1. 이슬람에 대한 서구와 한국 그리고 무슬림의 태도

중동의 한 이슬람 국가에서 교수로 일하고 있던 어느 한국인은 어느 날 문과대학장으로부터 연락을 받고 학장실에 들어갔다. 학장은 "너는 나의 형제와 같으니 미리 말하는데 다음 학기에 교수직 연장이 불가능하다"고 말하면서 환하게 웃으며 잘 가라고 했다.

그런데 사실은 학장이 한국 대사관으로 전화를 걸어서 자기네 대학에서 가르치는 한국인 교수가 선교사라고 하면서 교수직 연장을 불허한다고 통보했던 것이다. 이처럼 일부 무슬림들은 자신들의 개인적인 목적을 위해서라면 표면적으로 얼마든지 우호적인 태도를 보일 수 있다.

그렇다면 우리는 이런 무슬림에게 어떤 태도를 가져야 하는가?

만일 누군가가 이슬람 국가로부터 추방 또는 입국 거부를 당했다면 그는 이슬람에 대하여 극히 배타적인 태도를 가질지도 모른다. 그런데 우리나라에 체류하는 무슬림들이 전국 어디에나 모스크를 세우고 무슬림 출신 국가별로 기도처를 열어가는 데 우리 정부가 규제한 적이 있었던가?

2017년 뉴스를 들으니 한국에 무슬림 관광객을 유치하기 위하여 한국관광공사가 기존 135개 할랄 식당을 170개로 늘린다고 한다. 그러나 인도네시아와 말레이시아 무슬림이 한국 관광을 못하는 주된 이유가 할랄 식당이 없기 때문이 아니다.[1] 또한 세계 어느 나라를 가도 호텔마다

---

[1] 한국관광공사 자카르타 지사가 2015년에 인도네시아에서 무슬림 400명을 대상으로 흥미로운 대면조사를 실시했다. 한국으로의 여행 결정에 영향을 미치는 사항을 고르라는 질문

무슬림을 위한 기도처를 따로 만드는 곳은 많지 않다.

무슬림에 대한 적절한 태도는 기독교 교인뿐만 아니라 우리 국민 모두에게 매우 중요한 문제인데 여러분은 위와 같은 상황에서 어떻게 처신하겠는가?

한국인의 이슬람과 무슬림에 대한 태도를 알기 전에 무슬림들의 이슬람에 대한 이해를 살펴보자.

문) 이슬람의 뜻이 평화인가?

답) 한국의 무슬림들은 평화라고 한다. 그러나 꾸란어휘사전에는 이슬람이란 뜻이 평화라고 하지 않는다.

필자는 이슬람은 "알라와 무함마드에게 순종하는 커뮤니티(움마)가 무함마드에게 내려준 교리와 율법을 무슬림의 삶과 실제(reality)의 모든 영역에 받아들이게 하는 제도(institution)"라고 정의를 내려보았다.

문) 이슬람은 영적 종교인가?

답) 한국의 일부 무슬림들은 이슬람이 영적 종교라고 하나 사실은 그렇지 않다.

에 할랄식당 유무(응답자의 3.5%)와 기도실 유무(응답자의 3%)가 별로 영향을 미치지 못한다는 사실이다. 할랄 식당, 기도처 유무보다 더 결정적인 요인은 여행경비/예산(33%), 자연경관 감상(23%), 쇼핑(11%), 문화유적지(8%), 교통 편리성(6.5%), 안전성(5.5%), 언어소통(4.5%) 순이었다(오현재, "인도네시아 무슬림 방한 관광상품의 가능성 조사," 「한국관광정책(63)」, 120. [출처] 방한 무슬림 관광객 유치, 어렵게 생각 말라! 생각보다 단순할 수 있다! 한-아세안 센터 블로그에서 재인용).

다음 이슬람 학자들의 이슬람에 대한 정의에서 영적 종교의 특징을 볼 수 있는가?

① 이븐 압바스: 타우히드(알라의 한 분 되심)를 표현하고 복종하는 것을 이슬람이라고 했다.
② 무까틸 이븐 술라이만: 유일하고 참된 종교, 이슬람은 알라가 한 분이라는 것을 단언하는 것이라고 했다.
③ 알 따바리: 한 층위에서 이슬람은 무슬림그룹과 이 그룹의 이름에 합류하는 행위라고 했고 다른 층위에서는 이만(믿음)의 완전한 의미로서 개인의 마음이 항복하는 것이라고 했다.
④ 알자마크샤리: 영원부터 알라에게 받아들여질 인간의 참된 딘(종교)은 이슬람이라고 했다.
⑤ 알바이다위: 알라와 함께한 종교는 무함마드 커뮤니티를 반대하는 것들을 그만두어 무함마드에게 복종하고 알라가 한 분이심과 무함마드가 가져다 준 법을 받아들이는 것이라고 했다.
⑥ 이븐 카시르: 알라와 함께한 종교라는 말을 다음과 같이 해설했다.

- 기본적으로 알라의 한 분되심을 인정하고 진지한 헌신으로 행동하는 것이다.
- 부차적으로 무함마드 커뮤니티에 연루되어 알라가 전해

준 규범으로 이해했다.

⑦ 라쉬드 리다: 이슬람을 복종(submission)이란 의미로 해석하고 알라의 존재와 명령에 개인적으로 진지하게 반응하는 것이라고 했다. 알라의 계명과 그 계명에 반응하는 방법이 참 이슬람이라고 했다.

⑧ 사이드 꾸뜹: 알라와 함께한 딘(종교)은 마음의 항복이라고 설명하고 그 종교는 마지막 종교이며 사회 안의 개인들을 인도하고 보호하고 세우는 보편적인 법이라고 했다. "알라와 함께한 종교"라는 말은 "알라가 한 분이다"라는 개념이 들어가 있고 또 "무함마드에게 복종하고 그에게 내려준 법을 지키는 것"이란 의미가 들어 있다.

문) 유대교와 기독교와 이슬람은 아브라함의 종교인가?

답) 한국인들 중에는 이 세 종교가 아브라함에 근거를 두고 있다고 한다. 오늘날 아랍인들의 책이나 신문을 보면 '이슬람을 하니프(하니피야)의 종교'라고 부른다. 그러나 기독교나 유대교를 하니프의 종교라고 부르지 않는다. 하니프라는 단어는 꾸란에서 이브라힘의 이름과 관련되었다.

문) 샤리아와 피끄흐의 차이는 무엇인가?

답) 샤리아는 무함마드의 혀를 통하여 와히가 가져다 준 법(아흐캄)이다.

피끄흐는 특정한 증거들에서 얻어진 실제적인 행동을 규제하는 법이다. 여기서 법이란 의무, 금지, 싫어함, 무방함, 부패 등과 관련된 행동을 규제하는 법이다. 실제적이란 말은 기도나, 매매, 형사법 등과 관련되고 교리와 윤리는 포함되지 않는다. 그리고 이런 실제적인 법은 관찰과 사실확인을 통한 구체적인 증거를 가지고 인간이 삶에서 배운 것이다. 따라서 신과 무함마드에 대한 지식은 인간이 삶을 통하여 배운 것이 아니다. 여기서 구체적인 증거라 함은 간음을 금하는 꾸란 구절 등 특별한 문제와 관련된 법이다.

문) 샤리아가 말하는 주제들은 무엇인가?
답) 이슬람 샤리아는 인간과 알라에 대한 관계를 나타내는 제도(기도, 금식, 구빈세 등), 인간과 인간 간의 관계를 나타내는 제도(결혼, 이혼, 매매 등), 인간과 사회에 대한 관계를 나타내는 제도(지하드, 슈라, 윤리, 처벌 등)를 포함한다.
(참조) 슈라는 이슬람 국가에 적용되는 제도인데 무슬림들의 의견을 구하는 것이다.

문) 이슬람의 기도는 기독교인의 기도와 같은 뜻인가?
답) 이슬람의 기도는 몸으로 표현하는 의식적인 기도이다.
(참조) 이슬람의 신앙공표는 말로 하는 것이고 구빈세는 재물로 하는 것이고 메카 순례는 말과 몸과 재물로 하는 것이다.

문) 이슬람 국가에서 배교법과 신성모독법을 적용하여 형법으로 다스려서 사형에 처하는 나라는 어디인가?

답) 아프가니스탄, 부르나이, 이란, 쿠웨이트, 몰디브, 모리타니아, 북 수단, 파키스탄, 카타르, 사우디아라비아, 소말리아, 예멘이다.²

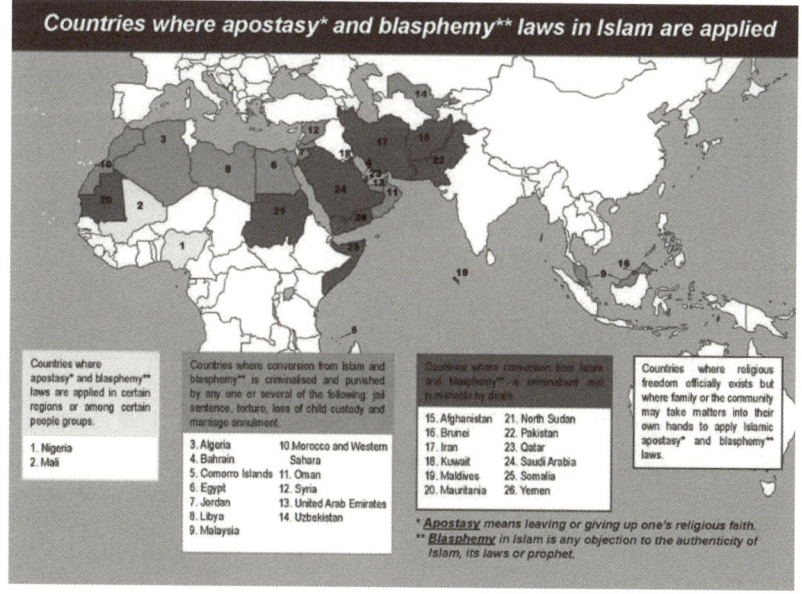

(지도) 배교법과 신성모독법 시행국가들

1) 한국인의 이슬람과 무슬림에 대한 태도

중동의 무슬림 여성 학자인 나그와 히다야트 박사에게 이슬람과 무

---

2 아래 자료는 http://freedom2worship.org/에서 따온 것임.

슬림은 차이가 있느냐고 물었다. 그녀는 "무슬림"은 "이슬람을 행하는 자"를 가리키고 이슬람의 가르침과 윤리를 행하는 자가 무슬림이라고 했다. 그녀는 IS조직이 하디스를 잘못 인용하여 '잘못된 해석'을 하는 것이 가장 큰 문제라고 했다. IS조직원이 아닌 중동의 무슬림들은 IS 조직원은 무슬림이 아니라고 하는데, 이에 반하여 IS 조직원은 스스로 자신들이 이슬람을 가장 잘 지킨다고 생각한다. 결국 무슬림들 안에서도 무엇이 이슬람인지에 대하여 서로 의견을 달리하는 것이다.

오늘날 무슬림들은 과격한 무슬림과 온건한 무슬림으로 나뉘거나 세속적인 무슬림과 이슬람주의 무슬림으로 나뉘고 이 둘은 서로 이슬람에 대한 이해가 다르다. 세속주의 무슬림은 "종교는 알라에게 그리고 모든 무슬림은 국가에"라고 말하며 이슬람을 종교와 신앙에서만 국한시키자고 주장한다.

그러나 무슬림형제단과 같은 이슬람주의자는 "이슬람이 해법이다"라고 주장했고 이슬람주의자 대통령 무함마드 무르씨는 매주 금요일 모스크에서 설교를 했다. 따라서 교회는 어느 한쪽 면만을 크게 부각시켜서 이슬람을 논할 것이 아니다. 세속적인 리버럴 무슬림은 물론 이슬람주의 무슬림과 극단적인 "지하드를 하는 살라피" 무슬림[3]도 언급해야 한다.

이제 세계의 여러 나라에서는 무슬림과 이슬람에 대한 태도가 어떠한지 살펴보자.

① 이슬람이 다수이고 기독교가 소수인 나라(이집트, 요르단 등)

---

3   공일주, 『이슬람과 IS』, 119-135.

이런 상황에 살고 있는 기독교인들은 무슬림에 대한 전도를 꺼려한다. 이런 국가에서 지진이나 천재지변이 일어나면 소수의 기독교인들은 다수의 무슬림을 돕는 것을 부담스러워 한다. 아랍 혁명 중에 기독교인들이 무슬림과 하나가 되어 혁명에 참여했으나 그 후 이집트에서는 수많은 기독교인들이 매년 일부 과격 무슬림들의 테러에 희생되고 있다. 이집트 기독교인들은 군부에서 나온 알씨씨를 대통령으로 선출되는 데 적극 지지했는데 그 이유는 이슬람주의자(무슬림형제단의 무함마드 무르씨)보다는 군부 출신 알씨씨가 더 낫다고 보았던 것이다.

② 무슬림이 소수이고 기독교인들이 무슬림 수보다 훨씬 많은 나라
(미국의 경우)

이슬람 혐오감이 심하고 무슬림들이 연관된 테러가 발생했을 때 무슬림들에 대해서는 물론 이슬람 국가에서 온 기독교인에게도 미국인들은 냉담했다.

③ 무슬림들이 극소수이고 기독교인들이 무슬림보다 많은 나라
(한국의 경우)

이슬람 혐오감이 대세이고 무슬림에 대한 선교적 접근이 극히 미비하다. 더구나 대한민국은 신학대학교와 교회에서 이슬람을 체계적으로 연구하는 기관이 없다. 아직도 우리 국민들이 이슬람에 대한 지식에서 매우 제한적이고 쉽게 편향될 환경에 놓여 있다.

2) 서구의 이슬람과 무슬림에 대한 태도

무슬림들은 오리엔탈리스트들 중에는 이슬람과 무슬림에 대하여 적대적이고 편협한 사람들이 있는가 하면 또 객관적이고 학문적으로 이슬람을 연구하는 온건하고 균형 잡힌 사람도 있다고 말한다. 무슬림들은 이슬람 연구 기관이 온건한 사람들과 연계하여 계속적인 대화와 세미나를 개최하는 것이 좋다고 하는데, 그래야 앞으로 서구에서 이슬람에 대한 잘못된 이미지를 바꾸어갈 수 있다고 했다.

무슬림들은 서구에서 지난 20년간 이슬람을 두려워하는 이슬람 혐오감이 확산되었다고 했다.[4] 무슬림들은 이슬람 혐오감이 확산된 이유를 다음과 같이 설명한다.

첫째, 중동의 테러리스트가 테러를 자행했고 그들은 이슬람을 대표하거나 이슬람 세계를 대표하지 않는다[5]고 말한다.

둘째, 2005년 덴마크 무함마드의 풍자 만화와 2015년 프랑스의 무함마드 만화의 예처럼 서구 사회가 무슬림에게 모욕을 주고 이슬람을 악의적으로 조롱하였다. 이슬람의 예언자와 이슬람을 고의적으로 해악을 끼치는 것을 되풀이하고 있기 때문이라고 한다.

셋째, 팔레스타인과 이스라엘 문제 등에서 서구가 이중 잣대를 들이댄다고 했다.

---

4   Mahmud Hamdi Zaqzūq, *al-Fikr al-Dini wa Qadaya al-'Asr*(Cairo: al-Hay'ah al-Misriyyah al-'Ammah lilkitab, 2012),187.
5   Ibid., 187.

넷째, 서구의 교과과정이 이슬람과 무슬림에 대한 잘못된 정보를 담고 있다고 했다.[6] 무슬림들은 이슬람과 무슬림에 대한 잘못된 부정적인 이미지가 이슬람을 두려워하게 한다고 하면서 그런 시각이 잘못됐다고 말한다. 이상과 같은 무슬림 학자의 글을 보면 아래와 같이 정리될 수 있다.

① 이슬람은 본래 평화적인데 일부 어리석은 무슬림들이 테러를 했다.
② 서구에서 이슬람과 무슬림을 잘못 인식하고 있다.
③ 한국인의 입장에서 보면 무슬림 학자의 말도 100% 수긍하기 어렵다.

이런 결론은 이슬람포비아(이슬람 혐오감)는 서구의 이슬람에 대한 잘못된 시각이 문제라는 것이며 그 원인도 무슬림과 이슬람 안에 있지 않고 서구인들에게 있다는 주장이다.

그러나 무슬림들이 자신들의 잘못을 인정하지 않고 이런 테러가 일어난 원인을 모두 남의 탓으로 돌리는 것이 합당하지 않다는 것을 알 수 있다. 또 무슬림들이 개입된 테러는 무슬림 개인의 어리석음에서 나온 개별적인 문제이고 테러가 이슬람 종교와 상관이 없다고 강변한다.

---

6   Ibid., 188-189.

3) 무슬림들의 이슬람에 대한 태도

(1) 역사 속의 이슬람 개혁

이슬람은 610년 무함마드로부터 시작되었다. 무함마드가 622년 메디나로 이주한 뒤 메디나에서 632년에 사망했다. 그는 생애 중에 여러 차례 전쟁을 감행했다. 역사 속에서 외세가 개입될 때 무슬림들은 새로운 운동이 일어났다.

① 몽고의 이라크 침입(1258년 압바시야 조 멸망): 이븐 타이미야의 살라피 운동(온건 이슬람에서 이슬람주의와 근본주의로 변모)
② 십자군 전쟁(1095-1271): 세상적인 욕심과 종교심이 어우러져서 십자군 전쟁이 시작되었다. 무슬림들의 기독교에 대한 반감
③ 오스만 터키를 사우디아라비아에서 몰아내려는 사우디아라비아의 무함마드 븐 압둘 와합(1703-1792)의 와하비 운동(살라피)
④ 냉전 이후의 국제 정세 변화: 아프간에서 구소련을 몰아낸 후 반미로 돌아선 오사마 빈 라덴(사우디 태생의 살라피)- 반미 테러
⑤ 2003년 미군과 연합군의 이라크 침입: IS조직이 이라크와 시리아 북부에서 준동하여 기독교인과 무슬림 그리고 야지드 교인들을 살해함

위와 같이 이슬람이 역사를 거치면서 종교적 근본주의와 정치적 이슬람주의로 변모하면서 기존의 무슬림의 사상에 새로운 이데올로기가 들

어가게 되었다.

(2) 오늘의 이슬람을 보는 무슬림의 시각

쉐이크 알아즈하르, 아흐마드 알따입은 "무슬림들은 한때 수준 높은 문화를 창조했으나 금세기에는 문화적 후퇴가 이어지고 있다"고 했다.[7]

첫째, 무슬림들에게 종교적 담론이 문제이다.

이집트 종교성 장관을 지낸 마흐무드 함디 자끄주끄는 『종교적 사항과 현재의 문제』란 책에서 "이슬람은 평화의 종교이고 테러, 편협, 남을 거부하는 것을 전면적으로 거부한다"[8]고 했다. 이슬람 학자들은 오늘날 무슬림들은 많은데 이슬람을 제대로 지키는 사람이 없다고 했다. 이집트 알씨씨 대통령은 이집트가 테러를 대처하기 위하여서는 종교적인 말(KhiTāb Dīnī, 종교적 담론)을 올바르게 하라고 한다.[9]

아랍어의 키땁은 양측의 대화나 담론이라는 뜻이고 종교적 담론이란 말은 종교적 권위와 근거를 바탕으로 하여 말한다는 것이다. 그러나 종교적 담론은 강의, 설교, 저술, 방송 프로뿐만 아니라 학교와 대학의 종교과목도 포함하고 심지어 이슬람 활동, 포교 활동, 이슬람 기관에서 하는 일도 포함하기도 한다. 종교적 담론은 개인뿐만 아니라 집단도 포함한다. 이 말은 오늘날 무슬림들의 테러의 원인들 중 하나가 무슬림들의 종교적 담론이 문제라는 것이다.

---

[7] Muhammad Mukhtār Jum'ah, *NaHwa Tafkik al-Fikr al-TaTarruf* (Cairo: Wizarah al-Awqaf), 11.

[8] Ibid., 191.

[9] Al-Masry al-Youm, 2017년 2월 13일 NO. 5627 Vol.13의 1면.

무라드 와흐바는 오늘날 이슬람 세계의 테러는 종교적 근본주의(Usuli-yyah Dīnīyah)라고 하였는데 종교적 근본주의는 종교적 텍스트에서 이성의 사용을 작동하지 않고 그 텍스트의 문자적인 것(Harfiyyah)을 고집하는 것이라고 했다.[10]

이집트 종교성 장관 무함마드 무크타르 주므아(고무아)는 "우리의 문제는 종교적 담론을 새롭게 하는 것보다 더 넓은 것이 있다"고 하면서 그것은 종교적, 사상적, 학술적, 이성적, 문화적, 사회적, 언론적 담론을 새롭게 하는 것을 통하여 아랍 이슬람 사상(fikr Arabi wa Islami)을 새롭게 형성하는 것이라고 했다.[11] 그는 아랍 사상을 새롭게 형성시키는 것이 무엇보다 더 중요하다고 하며 종교적 담론은 극단적인 사상을 해체시키는 것과 밀접한 관계가 있다고 했다. 결국 이집트 종교성 장관은 지금 이집트에서 극단적인 사상이 종교적인 담론과 관련이 있다고 본 것이다.

그는 오늘날 무슬림 세계에서 일어나는 일의 첫째가는 책임은 울라마(학자)에게 있다고 하고 학자들과 사상가들이 깨어 있었더라면 이런 일이 일어나지 않았을 것이라고 주장했다. 이슬람의 샤리아는 모든 시간과 장소에 적합하기에 오늘날 삶의 요구들과 파트와 사이의 갈등이 있는 이유는 자격이 있는 학자들이 입을 다물고 있기 때문에 문제가 된다고 했다.[12] 그는 부패된 종교적 담론을 갖는 IS조직과 파트와가 청소년들

---

10 Al-Masry al-Youm, 13면(무라드 와흐바, 이 시대의 근본주의들, 살해로 인한 죽음[6]) (2017. 2.12).

11 Muhammad Mukhtār Jum'ah, *NaHwa Tafkik al-Fikr al-TaTarruf*(Cairo: Wizarah al-Awqaf), 4.

12 Ibid., 14.

을 극단화시키고 있다[13]고 말한다.

압둘하이는 극단적 사고를 자라게 돕는 사상적 원인들 중의 하나는 종교적 깨어남이 부재할 때라고 했다. 오늘날 인류에게 닥친 세 가지 문제는 무지, 가난, 질병이라고 하면서 무지 중에서 가장 중대한 무지는 종교적 무지 또는 이해와 생각을 일으키지 못하는 고착된 종교 문화들이 확산된 것이라고 했다. 종교적 무지는 복합적 무지와 단순한 무지로 나뉘고 전자는 사회적 파괴를 가져오는 혼란과 혼돈을 퍼뜨려서 사회를 매몰시키는 무지이고 후자는 문맹[14]이라고 했다. 종교를 잘못 이해하게 하는 무지는 꾸란과 하디스 구절의 텍스트를 올바르게 이해하는 일에서 사상적으로 벗어나거나 극단과 정도를 벗어나게 하는 과격한 이해를 가리킨다.

따라서 텍스트에 대한 잘못된 이해는 이 땅에 테러를 낳게 하는 첫 부화기이다.[15] 이처럼 무슬림들의 무지는 텍스트를 잘못 이해하게 하고 그 결과는 테러를 양산하게 한다. 극단적인 사람의 특징은 종교적 이해에서 빗나간 것이고 이런 빗나감은 대부분 무지에서 비롯된다. 지하드가 혼에 대한 지하드나 사탄에 대한 지하드가 있음에도 불구하고 극단주의자들의 머릿속에는 지하드의 의미가 전투 또는 전쟁이란 의미뿐이다. 그리고 "알왈라 와알바라"[16]의 사상에는 무슬림이 아닌 모든 사람이 그들

---

[13] Ibid., 15.
[14] Ibid., 29-31.
[15] Ibid., 32.
[16] 알왈라는 알라, 무함마드, 무슬림을 사랑하는 것이고 알바라는 알라가 아닌 것을 예배하는 우상을 미워하는 것이다. 이슬람과 무슬림들이 승리하기를 바라고 쿠프르와 그의 사람

의 적이다.[17] 정도를 벗어나거나 극단이 되는 원인들 중에는 닫힌 사고, 맹목적 따름, 잘못된 이해, 텍스트의 문자적 해석, 이슬람의 법적 의도에서 멀어진 경우 등이다. 그렇다면 오늘날 무슬림들 중에는 극단적인 무슬림들이 존재한다는 것이다. 이들 극단적인 무슬림은 무슬림이 아닌 사람들을 미워한다.

둘째, 오늘의 무슬림은 본래 이슬람을 잃어 버렸다.

『이슬람의 미래』라는 책을 쓴 알아즈하르의 학자 무함마드 압둘라 알 카띱은 "오늘날 이슬람 종교는 이슬람의 사실, 특징, 본래 개념들을 외국인들에게 그리고 무슬림들에게 분명히 해 주어야 한다"고 했다.[18] 그는 서구인들이 이슬람의 올바른 모습이 아닌 것을 알고 있음에도 사실을 왜곡하고 이슬람이 아닌 것을 이슬람의 탓으로 돌리기도 한다고 했다.

무슬림들은 "오늘날 이슬람 세계에서 우리가 목도하고 있는 것은 사상 차이와 혼돈 속에 있다"고 했다. 그리고 오늘날 이슬람은 서구 문화의 영향을 받았다고 했다. "국제 외국인 학교를 다니거나 유학을 다녀와서 서구 문화의 영향을 받은 무슬림들과 이슬람의 본래 정신과 먼 방법을 사용하는 무슬림들은 서구인들의 종교에 대한 시각과 동일하여 아주 잘못된 사상을 갖고 있다"고 했다. 그들에게 종교는 인간과 신 간의 관계로 정의될 뿐, 삶과 관계가 없고 법, 정치 경제, 사회 문제와도 관계가

들이 패배하기를 바라는 것이다(공일주, 『이슬람과 IS』, 92–93).

17　Muhammad Mukhtār Jumʻah, *NaHwa Tafkik al-Fikr al-TaTarruf*, 87.

18　Muhammad Abd allah al-Khatib, *al-Mustaqbal lil-Islam*(Cairo: Dar al-Tawziʻ wa al-Nashr, 2012), 5.

없다[19]고 말한다. 결국 이슬람 국가에서 국제 외국인 학교에 다닌 아랍인들은 동료 무슬림들로부터 정체성이 모호하다는 비판을 받는다.

일부 사람들은 무슬림들이 이 세상과 관계가 없는 종교인이라고 잘못 이해하기도 하는데 이것은 이슬람에 대하여 전혀 모르는 사람이라고 했다. 이슬람 초기 아부 바크르는 옷 장사였고 모스크에서 이맘이었고 전쟁에서는 사령관이었고 무슬림들의 무프티 그리고 판사였고 학자였다. 이슬람은 인간 전체를 다루고 어느 부분을 버리지 않는다. 이슬람은 종교를 넘어서 정치적 정의, 사회적 정의, 경제적 정의를 포함한다.

무슬림에게 꾸란은 알라의 말이고 그것의 샤리아는 지속된다. 이슬람은 알라가 완성한 종교이다. 이슬람은 알라의 종교이다. 무슬림들은 이슬람은 살아 있는 종교라고 한다.

무슬림들은 이슬람만이 올바른 원천 즉 꾸란과 하디스에 따른다고 했다. 이슬람이 무함마드와 그의 살라프 쌀리흐(무함마드 이후 그의 제자와 제자들의 제자) 시대에 올바르게 실천되었다.[20] 따라서 무슬림 자신들과 움마가 구출되려면 "이슬람의 지배"(술탄)로 돌아가야 한다고 말한다. 무함마드 시대의 이슬람 사회는 인간 사회의 모델로 여기기 때문이다. 꾸란은 모든 인간을 인도해 주기 위해 알라가 내려준 이슬람 종교의 법[21]이므로 무슬림들은 꾸란을 읽고 암기하고 적용하라고 하고 꾸란은 어둠에서 빛으로 무지에서 앎으로 인도해 주고 꾸란의 비밀로 인도해 준다고 말

---

19 Ibid., 6.
20 Ibid., 9.
21 Ibid., 11.

한다. 꾸란은 무슬림의 행동과 제도의 출처이고 입법에서 관용과 융통성이 있다고 했다.[22]

순나는 무함마드의 말, 행동과 묵인 사항들이므로 모든 무슬림 남녀는 무함마드가 명한 것과 금한 것을 따라야 한다고 했다. 무함마드는 이슬람이 가져다 준 윤리대로 사람이 살면 고상한 생활을 할 수 있다고 했다. 이슬람은 사람들에게 중용과 중도를 가르쳐준다고 하고 순나는 사람들을 복종하게 가르친다고 한다. 순나는 알라가 진노하는 것을 멀리하게 하고 이슬람에서 지하드는 가장 높은 등급의 예배라고 했다.[23] 따라서 오늘날 꾸란과 순나에서 멀어져버린 무슬림들은 이슬람에서 벗어난 것이다. 결국 이슬람의 본 이미지가 분해되어 버려서 이슬람의 참 이미지가 무슬림들에게서 사라져버렸다.

셋째, 오늘의 무슬림들은 종교 및 종파 간의 전쟁(sectarian strife)에 휘말렸다. 그 이유는 무엇인가?

무슬림들은 기독교를 오해하고 편견으로 바라보기 때문이다.

요르단고등학교를 졸업하고 대학을 입학하기 위한 수학 능력 검사를 위한 예상 문제가 요르단 신문 「알두스투르」에 연재되었다. 그 중 "이슬람 문화"라는 과목의 예상 문제(2004.6.25) 가운데 기독교에 대한 문항들이 있었고 답도 다음과 같이 제시되었다.

---

22 Ibid., 18-21.
23 Ibid., 26.

문) 복음 전도/선교는 무슨 뜻인가?
답) 복음 전도는 이슬람 세계를 향한 서구의 사상적 침입의 수단이고 복음 전도는 겉으로는 이싸의 종교를 따르라고 하나 사실은 이슬람 국가에 대한 서구 사상의 침입을 용이하게 하는 데 있다.

문) 선교 활동의 수단은 무엇인가?
답) 교육(신학교와 대학)과 다양한 홍보 매체와 선전이다.

문) 선교 단체(jamʻiyyat tabshıriyyah)의 목적은 무엇인가?
답) 무슬림들의 마음에서 이슬람의 교리를 약화시키고 이슬람 국가들을 점령하려는 것이며 이 땅에 식민지를 확고히 하는 것이다. 그리고 세속적인 사상을 주입시켜서 무슬림들의 생각 속에 세속주의가 이슬람 사상을 대신하게 한다.[24]

이런 문답을 볼 때, 다음과 같이 정리할 수 있다.

① 무슬림들이 기독교 선교를 사상의 침입, 세속적인 사상의 주입, 식민지 확장으로 이해하고 있어서 기독교 선교를 전혀 이해하지 못하거나 아예 기독교 선교를 왜곡하여 무슬림 자녀들에게 기독교 선교에 대한 잘못된 지식을 불어 넣어주고 있다. 물론 오늘날 무슬림들은 신구약을 하나님의 말씀으로 믿지 않는다.

---

24 공일주, 『이슬람 문명의 이해』, 224.

② 무슬림들의 타종교관은 사우디아라비아의 알왈라와 알바라의 신조에서 찾아볼 수 있는데 알왈라와 알바라 신조는 이슬람과 무슬림이 승리하고 카피르는 멸망하기를 바라는 것이다. 물론 이슬람에서 보면 기독교인은 무쉬리크이고 카피르이다. 알왈라와 알바라가 종교 용어로 사용되면 알왈라는 알라와 무함마드와 이슬람교와 무슬림을 사랑하는 것이고 알바라는 알라가 아닌 것을 예배하는 우상을 미워하는 것이고 카피르를 증오하는 것이다.[25] 한국에 유학한 사우디아라비아 무슬림들은 한국 문화를 수용하는 데 매우 소극적이었고 이슬람을 전하는 데는 매우 적극적이었다.

순니 무슬림과 시아 무슬림은 서로를 카피르라고 하고 살라피 무슬림은 리버럴 무슬림을 카피르라고 한다.[26] 결국 이슬람 교리적인 문제가 오늘날 무슬림들의 종교 및 종파 간의 충돌의 원인이 되고 있다.

③ 타크피르의 피트나가 문제이다. 2014년 이집트에서 열린 제23차 이슬람 문제 최고의회에서 국익과 국제적인 관계를 고려하지 않는 파트와(법적 질문에 대한 법학자의 답변)와 타크피르(상대를 이슬람으로부터 박탈시키고 그를 이슬람 집단으로부터 내보내는 것) 사상은 위험하다고 했다. 타크피르에는 사회적이고 극단적인 타크피르(자마아 알무슬리민), 정치적인 타크피르(자마아트 알지하드), 이데올로기적 타크피르

---

25 공일주, 『이슬람과 IS』, 92.
26 공일주, 『아랍의 종교』, 92.

(무슬림형제단) 등이 있다.[27]

사우디아라비아 압둘라 븐 압둘 아지즈 국왕은 2012년 제21차 이슬람 법연구회(알마즈마아 알피끄히 알이슬라미)에 참석하여 지금 이슬람 국가들이 타크피르와 피트나 따이피아(종교적, 종파적 싸움) 문제에 빠져있다고 했다. 그는 지금의 이슬람 안에서의 문제를 피트나라고 규정하고 새로운 변화와 더불어 나타나는 가장 위험한 도전이라고 하면서 그중 가장 위험한 것은 타크피르의 피트나와 종교 및 종파적 포교(다아와 따이피아)의 피트나라고 했다.[28]

인터넷사전에서 피트나 따이피아는 서로 충돌하는 종파 및 종교 간의 다툼이나 전쟁이라고 했다. 그런데 『현대아랍어사전』에서 "파타나"(fatana)는 생각이나 종교를 바꾸도록 신체와 정신적인 고통의 벌을 주다, 시험(test)하기 위해 고난 속에 던지다, 진리의 길로 인도하지 못하게 하다 등의 뜻을 갖는다. 그리고 피트나(fitnah)는 테스트, 길을 잃음, 진리의 종교에서 사람을 멀어지게 함, 통치제도를 전복시키려는 데 집단이 일치함, 사람이 싫어하는 모든 것이 생겨남, 생각이 나뉘게 함, 사상의 혼란, 명령을 거역하거나 불순종, 핑계, 비탄에 빠짐, 선동하는 능력 등을 가리킨다.[29]

꾸란에서 피트나의 뜻은 시험, 배신, 살해, 쿠프르(믿지 않음), 길을 잃음, 죄 등이다.[30] 따라서 피트나는 꾸란과 『현대아랍어사전』에서

---

27 공일주, 『이슬람과 IS』, 89-90.
28 Ibid., 84.
29 Ahmad Mukhtar Umar, *Mu'jam al-lughah al-Arabiyyah, al-Mu'asirah*, Vol.3. 1671.
30 *al-Mawsu'ah al-qur'aniyyah al-Takhassusiyyah*(2016), 757.

그 의미가 다르다.

오늘날 이슬람 세계에서 무슬림들이 교회를 공격하고 기독교인들을 살해하는 일이 잦아지고 있다. 이런 현상을 아랍인들은 피트나 따이피아(종교 간 충돌)라고 하고 순니 무슬림과 시아 무슬림들이 서로 싸워서 죽이는 일도 피트나 따이피아(종파 간 충돌)라고 한다. 무슬림들은 자신들과 전쟁을 벌이는 카피르와는 싸워야 한다고 말한다.

이슬람에서는 심판의 날의 전조가 되는 징후들이 나타나는데 그 징후 중에 피트나(집단 간 충돌)가 있다고 했다.[31] 이슬람 역사에서 순니파와 시아파 간의 가장 큰 위기가 닥쳤는데 그것이 피트나였고 결국 당시 칼리파 오스만이 살해되었다. 근래에는 중동에서 정치적인 차이가 충돌과 전쟁으로 이어지고 있다.

넷째, 무슬림들 간의 의견 차이는 텍스트에 대한 해석의 차이에 있다.

① 텍스트와 컨텍스트

무슬림들 중 살라피 무슬림은 꾸란과 하디스의 텍스트만 고집하고 리버럴 무슬림은 컨텍스트를 중시한다. 이런 분류는 주석가들이 다음 두 가지를 어느 정도로 중시하느냐에 따라 결정되었다. 하나는 텍스트의 의미를 결정하기 위하여 언어적 규준에만 의존하는 것이고 다른 하나는

---

[31] 공일주, 『이슬람과 IS』, 283.

오늘의 현대적인 컨텍스트는 물론 꾸란의 역사적 사회적 컨텍스트를 고려하는 것이다.[32]

② 하끼까와 마자즈

꾸란 해석에서 원뜻(하끼까) 이외에 원뜻이 아닌 다른 의미로 사용되는 말(마자즈)을 받아들이는가에 따라 무슬림들 안에서 꾸란 해석이 달라진다.

- 마자즈는 언어(아랍어)와 꾸란에 존재한다고 주장한 학자들이 있다. 이런 견해는 아랍 무슬림 대부분의 학자들과 꾸란 해석가들, 언어학자, 수사법 학자들의 견해이다.
- 마자즈는 언어와 꾸란에 절대로 존재하지 않는다는 견해가 있다. 이 견해는 이슬람 학자 이븐 타이미야와 이븐 알까임의 견해이다. 이븐 타이미야는 살라피 사상을 부르짖은 대표적인 학자였다.
- 마자즈는 언어에는 존재하고 꾸란에는 존재하지 않는다는 견해이다. 자히리야파[33]들이 여기에 속한다. 마자즈가 꾸란에 존재하지 않는다고 주장하는 가장 큰 이유는 꾸란 본문을 부인할 만한 게 있다는 생각을 유도하기 때문이라고 한다.

---

32   공일주, 『꾸란과 아랍어 성경의 의미와 해석』, 478.
33   자히리야는 유추를 버리고 사람들에게 적합한 것을 택하지 않고 판결에 필요한 원인들을 밝히는 것도 거부하고 꾸란과 순나의 자히르만 숭상한다. 이와 반대로 바띠니야는 자히르(의도된 것이 드러난 것)를 거부하고 바띤을 숭상한다. 자히리야와 바띠니야는 입법에 적합하지 않다.

일부 무슬림들은 꾸란에 있는 어떤 것도 부인할 수 없기에 마자즈가 꾸란에 존재해서는 안 된다고 한 것이다. 마자즈를 부인하는 또 다른 근거는 마자즈를 허용하면 알라의 속성의 일부를 부인할 수 있다는 것이다. 이븐 타이미야는 마자즈는 아랍인들이 잘 모르는 것으로 나중에 나온 것이라고 했다. 결국 무슬림들 중에서 꾸란을 문자 그대로 읽어야 한다는 사람들에게는 마자즈가 걸림돌이 되었다. 그러나 오늘날 대부분 무슬림들은 아랍어와 꾸란에 마자즈가 있다고 하고 다만 관심이 되는 해당 어휘가 마자즈라고 불릴 수 있느냐 없느냐에 대해서는 서로 의견이 다르다고 했다.

③ 나끌과 아끌

꾸란 해석에서 전수(나끌)와 아끌(이성) 중 어느 것을 택하느냐에 따라 해석의 결과가 달라진다. 알무으타질라파는 이슬람 신학파이고 교리에 있어서 아끌(이성)에 의존하고 이성을 전수(나끌)보다 앞세웠다. 꾸란의 창조 문제가 유명한데 알마으문 시절에 유행한 사상으로 꾸란은 이성으로 해석(직역)할 수 있고 이것은 타으윌(의도하는 원뜻을 알아보는 것)할 수 있다고 했다. 그리고 알아쉬아리파는 순니 이슬람 신학파이고 아부 알하산 알아쉬아리가 세웠으며 교리 문제에 있어서 알무으타질라파와 살라피야의 중간 입장을 취했다. 살라피야는 이슬람 법적 판결은 이슬람 첫 출처인 꾸란과 순나로 돌아가야 한다고 주장한다.

그러나 살라피야의 정의는 이슬람 유산과 사상에서 여러 부류로 나뉘었다. 모든 살라피야는 종교에 대한 이해는 반드시 꾸란과 순나로 돌아가야 한다고 믿었다. 그런데 그들 중 일부 부류는 그들의 이해가 텍스트의 자히르에만 머물고 말았다. 또 그들 중 일부는 이해에서 이성을 적용하는 부류도 있다. 그래서 살라피들 중에 막힌 사고를 갖는 무슬림도 있고 일부는 무슬림의 환경이 새로 바뀌었으니 이즈티하드를 통하여 꾸란과 순나로 되돌아가야 한다고 주장한다.

알무으타질라파는 이성(아끌)이 종교적 텍스트(나끌)보다 선행한다고 했는데 이 말은 종교적 텍스트의 문제를 축소하는 것이 아니라 종교적 텍스트의 적법 여부는 이성에 의해서만 알 수 있다는 것이다. 그들은 텍스트의 의미가 이성이 허용하는 것과 합치되도록 해석한다.

그러나 알아쉬아리파는 이성의 권한을 제한한다. 알아쉬아리파는 만일 이성에게 절대적인 가치를 주면 이성이 종교를 돕지 못한다고 주장한다. 이성이 교리를 대신할 수 없기 때문이다. 이슬람 교리의 원리는 종교적 텍스트들에 근거해야만 한다. 그래서 신적인 문제들을 연구하는데 이성에게 절대적인 권한을 부여하는 것을 거부했다. 알아쉬아리파는 인간의 이성은 신적인 사실들을 인식할 수 없다고 했다. 순니 수피즘과 알아쉬아리파가 서로 제휴한 다음에 이런 흐름이 한동안 대다수 이슬람 세계에 유행했다.[34]

④ 자히르와 바띤

혹자는 자히르는 꾸란 구절의 낱말이고 그 구절의 바띤은 타으윌(텍스

---

34 공일주, 『이슬람과 IS』, 187.

트 뒤에 있는 의미를 찾는 것)이라고 한다. 아부 우바이다는 과거 민족들에 대하여 알라가 말한 스토리에서 이들 민족들이 멸망한다고 써 있는 것이 자히르이고 바띤은 다른 사람들에게 권고하여 옛 민족들이 행한 대로 하지 말라고 경고하는 속뜻이라고 했다.

이븐 알나낍은 낱말에 드러난 의미가 자히르이고 그 속에 포함된 비밀이 바띤이라고 했는데 이런 정의가 가장 널리 알려졌다. 그러나 꾸란의 바띤이 담고 있는 여러 의미들을 모든 꾸란 해석자들이 다 취급한 것은 아니었다. 그리고 그 의미를 찾는 능력도 사람마다 동일하지 않았다.

2. 이슬람에 대한 기독교인의 태도

이슬람 세계에서 테러에 대한 대처는 여러 방향에서 이뤄져야 한다. 이슬람 사회에 종교가 깊이 뿌리박혀 있기 때문에 대개 테러는 종교의 옷을 입지만 종교적인 대처뿐만 아니라 안보, 정치, 경제, 사회적인 대처도 필요하다. 이슬람 정부가 종교적인 측면에 집중하는 것은 이것이 장기적인 영향력을 주기 때문이다.

무슬림들이 주장하는 테러에 대한 대처에서 두 가지 방안 중 하나는 언론, 포교기관, 교육기관에서 평화적 종교적 의식을 갖게 하는 것이라고 한다. 테러를 일으키는 원인은 대부분이 올바른 종교적 가르침에 무지하기 때문이다.[35] 따라서 무슬림 자녀들에게 비평적 사고(타프키르 나

---

35 Mahmud Hamdi Zaqzuq, *al-Fikr al-dini wa Qadaya al-Asr*, 214.

끄디)를 통하여 종교의 사실과 올바른 지식을 찾아야 테러 사상을 불러일으키는 종교의식과 세뇌 과정을 막을 수 있다. 대개 테러는 잘못된 생각과 종교 텍스트를 잘못 해석하는 데에 근거를 둔다. 극단적인 사고가 행동으로 바뀌면 테러가 된다. 일부 무슬림들의 잘못된 생각과 그릇된 이해를 대처해야 한다.

이집트에서는 무슬림이 정교회 대성당에 들어가 자폭했다. 이런 자폭 과정에서 종교를 사용하는 테러가 이슬람의 이미지를 나쁘게 한 것이라고 무슬림들은 말한다.

극단과 테러에 방비하는 또 다른 방안은 무슬림 청소년들을 양육과 교육과정을 통하여 움마(이슬람 공동체)의 자녀들에게 관용의 가치를 심어주는 것이라고[36] 무슬림들은 말한다. 이렇게 청소년들에게 주입된 관용의 가치는 극단과 테러를 방비하게 할 뿐만 아니라 이슬람과 무슬림에 대한 그릇된 많은 생각과 잘못된 개념을 다시 돌아보게 한다는 것이다.

이슬람에서 관용(타사무흐)은 종교적 문화적 다원성을 존중하는 것이고 종교나 인종에 상관없이 다른 사람을 받아들이고 대화하는 것이라고 한다. 이슬람식 관용은 중립적인 관용도 아니고 차디찬 관용도 아니고 다른 사람과 협력을 촉진하는 긍정적인 관용이라고 했다.[37] 그리고 종교와 문화 간의 대화는 공존과 관용의 가치를 드높여 준다고 생각했다.

무슬림들은 요즈음 중동의 테러는 이슬람 종교의 옷을 입었다고 말한다. 그리고 지금 무슬림들에게 테러가 많은 것은 잘못된 사고와 종교

36　Ibid., 215.

37　Ibid., 216.

적 텍스트에 대한 그릇된 해석 때문이라고 한다. 이런 문제 때문에 생긴 극단적인 무슬림과 테러를 자행하는 무슬림에 대하여 경계를 하는 것은 당연하다.

그러나 한편으로 우리는 무슬림들이 공존과 관용을 실제 삶에서 보여주기를 기대한다. 이슬람 국가에서 기독교인들에게 자유롭게 전도하지 못하게 하는 것은 이미 알려진 사실이지만 단순히 전도를 못하게 하는 것뿐만 아니라 이슬람 국가의 국적을 갖고 있는 기독교인들에게 학업과 취업의 기회를 박탈하고 승진할 기회를 주지 않고 교회를 불사르고 기독교인들을 감옥에 가두고 선교사들을 추방하는 일을 중단해야 한다.

사실 이런 행위를 그만 두어야 그들이 주장하는 관용과 공존이 가능한 것이 아닐까?

레바논의 마틴 악카드(Martin Accad)는 이슬람과 무슬림에 대하여 기독교인들이 어떻게 생각하느냐가 기독교인들의 무슬림 사역에 영향을 준다고 했다. 이슬람에 대한 기독교인들의 관점이 무슬림에 대한 태도에 영향을 주고 이런 태도는 그들과 관련된 접근 방식을 안내해 준다. 이런 접근법은 곧 무슬림 사역에서 우리의 수고에 대한 결실로 이끌어 준다. 우리가 이슬람과 무슬림에 대한 태도에 영향을 주는 변수는 다음 여섯 가지가 있다.

① 종교적 세계관
- 일반적으로 다른 종교를 내가 어떻게 바라보는가?
- 종교와 현실 간의 접촉 영역을 내가 어떻게 이해하는가?

② 이슬람 현상에 대한 견해
- 이슬람에 대한 나의 이해는 무엇인가?
- 나는 무함마드를 어떻게 생각하는가?
- 꾸란에 대한 나의 인식은 무엇인가?
- 무슬림의 미래 운명에 대하여 내 생각은 무엇인가?

③ 무슬림과 관계를 갖는 목적
- 이슬람과 무슬림과 상호 관계를 갖는 것이 중요하다고 믿는가?
- 만일 그렇다면 왜?

④ 사용된 방법들이나 접근법들
- 무슬림과 상호 관계를 가질 때 내가 취할 접근법은 무엇인가?
- 어떤 방법들을 내가 사용할 것인가?

⑤ 예상되는 결과들
- 무슬림과 상호 관계를 갖는 방식으로 인하여 어떤 종류의 결과가 올 것을 예상하는가?

⑥ 이슬람에 대한 지식
- 무슬림과 상호 관계를 갖는 접근법과 수준을 결정하는 요인으로서 내가 이슬람에 대하여 배우고 이해하는 것이 얼마만큼 나에게 중요한가?

이런 질문들과 답변들을 통하여 우리의 타종교에 대한 나의 일반적인 관점, 이슬람과 무슬림에 대한 나의 이해와 지식의 정도 그리고 내가 왜 무슬림과 상호 관계를 맺어야 하나, 내가 무슬림들과 어떻게 접근할 것인가를 알아볼 수 있고 이에 따라 우리의 이슬람과 무슬림에 대한 달라진 태도를 알 수 있다.

레바논인 마틴 악카드는 기독교인과 무슬림 간의 상호 관계(interaction)에 따라 다음 다섯 가지 스펙트럼을 제시했는데 이를 통해 우리가 무슬림과 이슬람에 대한 어떤 관점을 갖고 있는지를 알 수 있을 것이다. 그러나 그의 질문지가 완벽한 것은 아니지만 우리 자신의 이슬람에 대한 관점을 한 번 알아보는 데는 도움이 된다.

① 모든 길은 메카로 통한다

이슬람을 사회정치적 현상으로 보는 관점이다. 이런 관점을 가진 사람의 목적은 다문화를 증진시키는 것이다. 이런 접근법은 다원적이고 비종교적인 대화이므로 이슬람에 대한 심오한 지식은 필요 없다. 그 결과 일반 대중에게는 별 중요한 영향을 주지 못하고 피상적인 영향을 준다(혼합주의적 접근).

② 모든 비기독교는 사탄이다

이슬람을 사탄으로 보는 관점이다. 이런 관점을 가진 사람의 목적은 이슬람이 속이는 종교라는 것을 밝히는 데 있다. 이 방식은 이슬람에 빈정대고 공격적인 태도를 갖는 것이다. 그 결과 커뮤니티들 사이에 갈등을 유발하는 공격적인 반응이 나올 수 있다. 이런 관점은 이슬람의 약점에 대한 모든 지식을 얻는 데 혈안이 되어 있다(논증적인 접근법). 따라서 우리는 이슬람과 무슬림에게 혼합적이거나 적대적인 접근은 삼가는 것이 중요하다.

③ 선을 추구하고 도덕성을 추구하는 것이 모든 종교의 목적이다

이런 관점은 이슬람을 포함하여 모든 종교는 동일한 신적 기원을 갖는다고 본 것이다.

이런 관점을 가진 사람의 목적은 커뮤니티 간의 관용을 증대시키는 것이다. 이들의 대화는 기독교와 이슬람 사이의 유사점에 초점을 두어 그 결과 커뮤니티들 간의 관계를 개선하는 데 목적이 있다.

이를 위해서는 이슬람에 대한 폭넓은 지식이 필요하다(실존주의적 접근법).

④ 오직 참된 길은 기독교일 뿐이라는 확신을 갖는다

무함마드와 그의 추종자들은 잘못된 길을 갔다는 관점이다. 이 관점을 가진 자의 목적은 이슬람의 오류와 기독교의 진리를 드러내는 것이고 이런 접근법은 무슬림을 기독교로 회심시키기 위하여 변증법적 토론을 사용하는 것이다. 일부 긍정적인 결과들이 있으나 자주 반복되는 토론(Argumentation)을 사용한다.

기독교적인 변증을 위한 철저한 지식이 요구되고 이슬람을 공격하기 보다는 기독교를 방어하고 분명히 드러내는 데(clarifying) 관

심을 갖는다(변증법적 접근법).

⑤ 출발점이 종교적 세계관이다

하나님은 모든 종교 제도들 위에 계시고 예수가 구체화한 메시지는 종교를 초월한다(supra- religious). 예수는 기독교 조차도 초월한다(적극적인 선포(positive proclamation)의 접근법).

> 주의 성령이 내게 임하셨으니 이는 가난한 자에게 복음을 전하게 하시려고 내게 기름을 부으시고 나를 보내사 포로된 자에게 자유를, 눈먼 자에게 다시 보게 함을 전파하며(kirixei) 눌린 자를 자유케 하고 주의 은혜의 해를 전파하게(kirixei) 하려 하심이라 하였더라(눅 4:18-19).

마틴 악카드는 위와 같은 다섯 가지 스펙트럼은 무슬림 청중과 배경에 따라 달라진다고 했다.

① 혼합주의적 접근과 논증적 접근을 피한다.
② 공적 상황에서는 실존주의적 접근과 선포적 접근을 사용한다.
③ 사적인 상황에서는 선포적 접근과 변증적 접근법을 사용한다.
④ 종교적 리더십과는 실존주의적 접근법을 사용한다.
⑤ 보통 사람들에게는 변증적인 접근법을 사용한다.

다음 이야기를 읽어보고 주인공 아흐마드가 어떤 접근법을 가졌는지 그리고 아래 질문들에 대한 답을 찾아보자.

◆ 아흐마드의 이야기 ◆

　아흐마드는 경건한 무슬림이었다. 알라를 위하여 일한다고 생각하고 일터에서도 성실하였다. 그래서 대부분 그는 점심 기도를 빠뜨리지 않기 위하여 점심 기도 때는 일을 중단하였다. 그런데 그는 기독교인 토니와 만나서 우정을 발전시켜가고 있었다. 그러던 어느 날 토니가 다니는 교회에서 전도 집회가 열렸고 음악회 이후에 카리스마가 있는 부흥사가 메시지를 전하였고 그가 주님을 영접할 사람에게 기회를 주자 아흐마드는 자신을 그리스도께 드리기로 작정했다. 토니는 기쁨으로 가득차서 교인들과 함께 그가 기독교인이 된 것을 축하해 주었다. 아흐마드는 한동안 비밀히 교회를 다녔다.

　그러던 어느 날 아흐마드가 토니에게 와서 그가 가족에게 전도하고 싶다고 했다. 토니는 이를 격려하며 함께 기도해 주었다. 그런데 아흐마드는 그 후 10일 동안 일터에 나오지 않았다. 친구들은 그를 걱정했다. 10일째 되는 날 아흐마드는 밤 늦게 토니의 집으로 왔다. 아흐마드는 그동안의 일을 토니에게 말했다. 그는 가족에게 신앙을 전했으나 그의 가족들이 그를 구타하고 성경을 못 읽게 하였으며 일터도 못가게 감금했다고 했다. 아흐마드는 자기 집에서 도망 나왔으니 이제 자신을 좀 도와달라고 했다. 그날 밤은 토니 집에서 자고 다음 날 담임 목사인 나빌 집으로 갔다. 자초지종을 설명하니 나빌 목사는 아흐마드를 미국으로 가는 길을 알선해 주었다.

　아흐마드는 드디어 미국으로 왔고 헨리 목사를 소개받아 그 교회에서 제자양육을 받게 되었다. 그리고 미국 내 여러 지역을 다니며 전도 여행을 다녔고 침례를 받고 새로운 이름을 피터라고 작명하게 되었다. 그는 "이슬람이라는 어둠에 살았으나 이제 그리스도의 빛을 보았다"고 했다. 그날 이후 피터는 금발의 아름다운 미녀를 만나 사랑에 빠지게 되어 결혼을 위해 헨리 목사를 모시고 그녀의 아버지에게 가서 청혼을 했다.

그러나 그녀의 아버지는 "아랍 무슬림에게 딸을 줄 수 없다"고 하는 것이 아닌가?

이에 피터는 실의에 빠졌고 교회는 더 이상 그의 이름을 듣지 못했다.

질문) 아흐마드에 대한 토니와 나빌 목사의 멘토링이 적절했는가?
질문) 아흐마드는 위 다섯 가지 입장들 중 어떤 접근법을 가졌는가?
질문) 토니와 나빌(그리고 나중에 헨리)은 아흐마드에 대한 멘토링에서 어떤 역할을 했는가?
질문) 아흐마드의 영적 여행에서 전환점은 무엇인가?
질문) 토니와 나빌은 이슬람과 무슬림에 대한 선포적 접근이었다고 가정하고 위 글을 다시 써 보시오.

이슬람에 대한 적절한 태도를 가지려면, 다음 사항을 유의해야 한다.

① 이슬람을 기독교적인 시각에서만 보지 말고 무슬림들이 이슬람을 뭐라고 말하는지 배우려는 겸손한 자세가 필요하다.
② 무슬림의 단일신(위흐다니야) 개념과 기독교인의 삼위일체(위흐다 알

아까님 알살라시) 간의 차이를[38] 무슬림에게 충분하게 설명할 수 있게 준비한다.

③ 두 종교 간의 전문 용어와 개념 차이를 분명히 한다. 영어권에서 사용하는 이슬람 용어가 아랍권에서 사용하는 이슬람 용어와 개념에서 어떤 차이가 나는지 조사한다.

④ 국내 무슬림들이 꾸란을 잘못 번역하고 해석한 것을 기독교인들이 그대로 인용하는 것은 그만두어야 한다. 편향적인(타앗쑵) 사고와 잘못된 해석은 또 다시 왜곡되어 종교 간의 갈등을 부추기게 된다. 국내 무슬림들의 반기독교적인 꾸란 해석에 적극 대처한다.[39]

⑤ 무슬림들이 아래와 같이 다양하다는 것을 인식한다.

- 이슬람의 본질에 벗어난 무슬림
- 이슬람의 꾸란과 하디스를 해석할 줄 모르는 무슬림
- 극단적인 사상과 과격한 성향을 가진 무슬림
- 기독교인을 카피르와 무쉬리크로 냉대하는 무슬림
- 교회와 기독교인에게 테러를 하는 무슬림

---

[38] Afaq al-Ta'awun wa- al-Mushtarakah bayna al-Muslimin wa al-Masihin Ala abwab al-Qarn al-qadim("다음 세대에 무슬림들과 기독교인들 간의 협력과 참여의 전망," 이슬람 문화 연구를 위한 왕립학회[Amman, 1997], 73).

[39] 이집트의 알아즈하르가 중도와 중용의 기관이라고 하지만 이집트 무슬림들 중에는 알아즈하르를 의혹의 눈으로 보는 사람들이 있다. 그 중에 따리끄 하산은 '알아즈하르는 국가의 무르시드(어드바이저)'라는 글에서 "국가의 중대사를 결정하는데 왜 알아즈하르가 필요한가를 묻고 그러나 새 헌법 6조에는 "종교학과 이슬람 문제의 기본적인 조회 기관은 알아즈하르이고 이집트와 세계에 종교학(울룸 알딘)을 공개적으로 전하고 이슬람을 포교(다아와)하는 책임이 있다고 이집트 정치인들이 헌법에 삽입한 것이 현실적으로 문제가 있다"고 했다.

- 꾸란 1장에서 길 잃은 자를 기독교인이라고 해석하는 무슬림
- 이슬람을 무조건 믿으라고 이슬람교를 강요하는 무슬림
- 살라피 운동의 무슬림(살라피, salafist)
- 이슬람주의자 무슬림
- 지하드하는 무슬림(jihadist)

⑥ 이슬람과의 혼합주의나 무슬림에 대한 적대적인 태도를 피한다. 우선 상황화가 너무 멀리 가서 혼합주의가 염려되는 경우가 있다. 그리고 한국의 무슬림들이 기독교 성경과 신학 용어(사도, 하나님, 구원, 천국, 메시아, 예수, 마리아, 복음, 성령, 속죄)[40]를 사용하기 때문에 생긴 문제도 있다. 기독교 신학자들이 성경적 의미와 꾸란 속의 의미를 서로 구분하지 않고 이런 한국 무슬림의 용어를 그대로 사용하여 그 개념에서 혼란을 조장하는 것도 큰 문제다.

3. 제2장 요점: 꾸란의 해석

1) 이슬람과 꾸란에 대한 적절한 태도: 해석의 문제

① 무슬림들이 꾸란의 특정 구절에 대한 해석에서 서로 의견이 다

---

[40] 최영길, 『꾸란 주해』(서울: 세창출판사, 2010), 885-946.

르다(증거: 공일주, 『꾸란과 아랍어 성경의 의미와 해석』, 60).

② 꾸란 구절을 아랍어 수사법을 적용하면 의미와 해석이 달라질 수 있다(증거: 공일주, 『꾸란과 아랍어 성경의 의미와 해석』, 89)

예) 알라와 무함마드를 믿지 않는 자들을 만나면 경동맥을 치라(꾸란 47:4)에서 경동맥을 치라는 말의 수사적인 의미는 "죽이라"는 의미이다.

③ 무슬림들 중 살라피는 문자적인 텍스트주의자이고 시아 무슬림은 꾸란에서 숨은 의미를 찾고 수피 무슬림은 숨은 지시(알라가 마음에 비춰주는 것 또는 꾸란 구절이 지시하는 다른 의미)를 찾는다(공일주, 『꾸란과 아랍어 성경의 의미와 해석』, 19).

④ 오늘날 아랍 이슬람 국가에서 이슬람 문화가 쇠락하고 있고 무슬림들은 종교적인 무지, 문화적인 문맹이 늘고 그들에게 정치적 이슬람주의가 확산되고 있다. 지금은 아랍 이슬람 세계가 이슬람 종파(순니파와 시아파)의 폭력과 타크피르 문화가 기승을 부리고 있다. 이슬람에서는 쿠프르(알라를 믿지 않음)가 된 자를 이슬람과 무슬림의 적이라고 말한다. 타크피르 집단은 자신들을 '무슬림 집단'이라고 부르지만 종교에서 매우 과도하게 벗어난 사람들이다. 이들은 이슬람 사회를 쿠프르에 속한 사회라고 주장한다(공일주, 『꾸란과 아랍어 성경의 의미와 해석』, 445).

⑤ 따라서 꾸란 해석의 원리에서는 전수에 의한 해석이 견해에 의한 해석보다 반드시 앞서야 하고 어떤 경우에라도 전수에 의한 네 가지 해석 자료를 먼저 확인하기 전에는 꾸란을 해석하지 말라고

한다. 그 네 가지 자료는 꾸란, 순나, 무함마드의 동료들의 말들, 동료들의 추종자들의 말이다.

2) 교회가 유의할 사항

① 꾸란을 기독교적인 시각과 성경적인 용어로 해석해서는 안 되고 이슬람 신학과 샤리아와 이슬람 교리를 바탕으로 꾸란 해석학에 따라 해석해야 한다.
② 한국어로 번역된 꾸란의 의미 번역 책에서 어느 구절을 인용하여 신학대학이나 교회 목회에 사용해서는 안 된다.
예) 꾸란에 나오는 어휘 "루흐"는 성령이 아니다.

※ 보충 교재(공일주, 『이슬람과 IS』)

"(보통의 무슬림들과 다르게) 수피 무슬림들은 깔브(마음)를 통하여 인간이 알라를 알수 있다고 한다. 나프스 중에서 몸의 성향으로 기울어진 나프스를 '나프스 암마'라고 하고 마음의 빛으로 빛을 내는 나프스는 '나프스 무뜨마인나'이다. 수피들이 추구하는 나프스는 나프스 무뜨마인나이다… 이런 나프스(혼)와 갈등의 관계에 있는 것이 '마음'이다. 수피들은 마음을 거울에 비유한다. 거울이 깨끗하면 알라의 이미지(쑤라)가 찾아오고 거울이 깨지면 알라의 이미지가 오지 않는다고 했다"(163-166).
그렇다면 마음에 초점을 두는 전도법이 수피가 아닌 무슬림들에게 적절한가?

무슬림 커뮤니티에서 어떻게 그리스도를 따를 것인가?

그 안에 뿌리를 박으며 세움을 입어 교훈을 받은 대로 믿음에 굳게 서서 감사함을 넘치게 하라(골로새서 2:7)

학습을 위한 목표와 주요 내용

1. 국내 이주 무슬림을 단순히 교회로 인도하는 것으로 끝내는 것보다는 "1대 1 양육"을 확대하고 예수 그리스도 안에서 튼튼하게 자라고 뿌리를 깊이 내려서 열매를 맺게 한다.
2. 국내에 이주한 동남아시아, 남아시아, 중앙아시아의 무슬림은 중동의 무슬림과 어떤 점에서 다른가?
3. 국내 이주민 무슬림들이 자기들끼리 커뮤니티를 형성할 수 있도록 자유롭게 드나들 수 있는 쉼터가 있는가?
4. 국내 체류 무슬림이 다시 이슬람 국가로 돌아갈 것을 대비하여 보안에 신경을 써 주고 그들이 전도자로 세움받도록 소그룹 가정 모임을 강화하면 어떤가?
5. BMB가 두 정체성에서 하나의 정체성으로 변화되려면 어떻게 해야 하나?

학습 관련 주제

제자화는 책이 아니라 우리 자신의 삶이 더 큰 영향력을 갖는다.

1. 여는 글

서울에 와서 신학을 공부하는 방글라데시 사람과 파키스탄 사람을 만났다. 그들과 국내 이주 무슬림에게 어떻게 전도할 것인가에 대해 이야기할 기회를 가졌다. 그들이 말하기를 방글라데시 무슬림과 파키스탄 무슬림이 서울에 올 정도면 가난한 사람들이 아니라고 했고 그들을 만나자마자 그들에게 곧장 복음을 전하면 다시는 만나지 않으려고 할 것이라고 했다.

무슬림에 대한 전도는 지혜가 필요하다. 단순히 전도지를 나눠주거나 "예수 믿으세요"라고 한다고 전도가 되지 않는다고 했다. 이들은 한국교회가 무슬림이 교회에 들어오면 그의 신분을 파악하지 않고 무조건 도우려고 하는 것도 잘못되어 있다고 했다. 그래서 국내에 온 무슬림들은 이를 악용하여 자기네들끼리 "도움이 필요하면 교회에 가서 무슬림이라고 말하라"고 하는 경우도 있다는 것이다.

또한 이들은 무슬림에 대한 전도는 기도로 시작하라고 주문한다. 무슬림들 중 특히 근본주의 무슬림은 교회의 도움을 받기는 하지만 절대로 그의 종교를 바꾸지 않는다고 했다. 무슬림과의 전도에서 중요한 것은 무슬림과 좋은 관계를 맺으라고 했다. 시간을 두고 만나는 것이다. 그래서 빨리 빨리 하지 말라고 당부한다.

그 다음 중요한 것은 교회보다 의료나 한글 교육 등 쉼터가 무슬림들을 만나게 하는 데 도움이 된다고 했다. 방글라데시에는 무슬림 청소년에게 이슬람교육을 하는 마드라사(madrasah)가 많이 있는데 이처럼 성인

어른보다 한국에 있는 6천 명의 무슬림 청소년들에게 전도하는 방안을 모색하라고 한다. 무슬림 부모들은 자녀 교육에 관심이 많기 때문에 영어를 가르치는 학원도 도움이 된다고 했다.

우리나라 정부가 국내에 유입되는 무슬림들의 이슬람 성향을 파악해야 할 필요성도 말하며 국내 이주 무슬림이 어느 나라 어느 지역에서 한국으로 왔는지를 안다면 해당 무슬림이 어떤 이슬람 성향을 갖는지를 아는 데 도움이 된다고 했다. 예를 들어 방글라데시 동북부와 동남부(벨루치스탄, 카보르 파크툰 칸)는 근본주의 무슬림이 많이 살고 이집트의 알렉산드리아와 후르가다 지역에는 살라피 정당의 주요 무대였고 요르단의 남부 마안에는 이슬람주의 무슬림이 많다는 점을 알면 이곳 출신의 무슬림의 이슬람 성향을 아는 데 도움이 된다고 했다.

한국교회는 소수만 전도하지만 무슬림은 모두 전천후 포교자들이라고 했다. 한국에서 이단들이 오히려 전도에 열심이고 이단들이 기독교의 이미지를 나쁘게 해 주고 있다고 했다. 한국에 오는 무슬림들의 언어를 알면 전도하기 좋은데 만일 가능하면 해당 국가에서 온 기독교인을 같은 나라 무슬림과 연결해 주어 복음을 전하도록 하는 것도 좋다고 했다.

물론 그들이 복음을 전하는 방법을 잘 알고 그리스도의 제자로 살아가는 사람이어야 한다고 했다. 한국교회는 무슬림이 교회에 들어와서 예배를 드리면 오랫동안 그를 관찰해보라고 주문한다. 얼마동안 교회의 도움을 받으면서 여전히 무슬림으로 살아가는 사람들이 많기 때문이다.

2. 이슬람 사회가 말하는 이슬람의 온전한 개념

   이슬람 세계는 교리(6가지 믿음)와 종교 의식(5가지 기둥) 이외에 이슬람 법과 윤리를 알아야 이슬람의 온전한 개념을 아는 데 도움이 된다.

   여섯 가지 믿음은 알라, 천사, 책들, 메신저, 최후의 날, 운명론이고 다섯 가지 기둥은 신앙공표(샤하다), 하루에 다섯 번 이슬람의 종교 의식에 따른 기도(쌀라), 가난한 사람에게 지불하는 구빈(자카), 라마단 달 동안에 해가 떠서 해가 질 때까지 금식하는 것(싸움), 그리고 신체적으로 재정적으로 여행을 할 수 있을 때 행하는 메카 순례(핫즈)이다. 이슬람의 다섯 가지 기둥은, 다른 종교의 종교 의식과 크게 달라서 기도는 전적으로 육체와 관련된 행위이고, 금식은 전적으로 육체를 위한 것을 버리는 것이며, 구빈은 전적으로 재물과 관련된 행위이고, 메카 순례는 육체와 재물과 관련된 행위이다.

   무슬림의 신앙공표는 두 부분으로 나뉜다. 하나는 "알라 이외에 신이 없다"로 이슬람의 핵심이고 이 구절을 공표하는 사람이 무슬림이 된다. 또 하나는 "무함마드는 알라의 메신저이다"로서 믿음의 핵심이고 이 구절을 공표하면 무으민(신자)이 된다. 그러므로 이슬람에서 무함마드를 믿지 않으면 이슬람의 신자가 아니다. 이슬람 교리는 무슬림들의 삶의 의미와 목적을 규정하는 것이다.

   무슬림이 실행으로 옮겨야 하는 종교 의식은 기도, 금식, 자카(구빈), 메카 순례이고 이 순서는 알라가 내려준 순서이다. 이슬람에서는 무슬림들에게 이것들을 의무로 강요하고 있는데 여기서 중요한 두 가지 사항이 있다. 하나는 이런 의식을 진솔하게 행해야 하고 형식적으로 표면적으로 행해서는 안 된다. 또한 무슬림이 다른 무슬림과 연결되는 사회적 결속을 실현시키는 것이다. 무함마드의 말이 신뢰받게 하려면 한 몸처럼 서로를 존중하라는 것이다.

이슬람의 위 네 가지 의식은 간단하나 서로 연결되어 있고 가장 주목할 것은 무슬림의 나프스가 알라에게 복종하고 알라를 항상 두려워 해야하고 알라가 기뻐하는 일을 하는 것이라고 한다. 무슬림이 알라와 연결지어질 때 알라와 그의 주변에 있는 사람과의 관계가 바르게 정립된다고 한다. 기도는 대체적으로 동네 사람들과 같이 행하고 금식은 다른 무슬림들을 손과 혀로 해를 끼치지 않도록 하는 것이라고 한다.

자카는 무슬림에게 헌금을 요구하는 것이고 필요로 하는 사람에게 그의 마음이 동정심을 갖는 것이고 메카 순례는 무슬림이 그의 형제 무슬림을 만나 큰 대회를 여는 것이다. 이렇게 무슬림은 그의 교리와 의식을 진실 되게 수행하면 더 나은 사회의 선하고 올바른 구성원이 된다고 한다. 올바른 구성원은 그의 양심에서 나온 동기로 모든 나쁜 일을 피하는 것이고 그의 양심에서 나온 동기로 미덕을 행하는 것이다.

이슬람의 윤리는 덕을 가리키는데 말과 행함이 일치하고 약속을 잘 지키고 알라가 명한 것을 행하고 알라가 금한 것을 피하는 것이다. 이슬람의 윤리는 이슬람을 믿는 무슬림에게만 한정되는 것이 아니라 모든 인간에게 잘 하고 심지어 동물과 식물 그리고 주위 환경에 좋은 본보기가 되는 것이라고 했다. 이슬람의 윤리는 동기와 행위를 포함한다. 동기는 의향과 의지와 의도를 가리킨다. 행위는 인간의 외적인 행동을 말한다. 동기는 행위들의 원인이고 이슬람은 이런 동기가 만들어 낸 것에 관심을 갖는데 동기로 만들어진 것은 교리와 관련되고 의식에 의하여 계속적으로 새로워진다고 한다.

무슬림의 의향은 항상 알라가 기뻐하는 것을 얻고자 하고 무슬림의 작정은 알라의 명령을 어기지 않겠다는 것이다. 그가 행하는 모든 것을 알라가 지켜보고 있다는 것을 계속적으로 유의한다. 그러나 윤리는 결국 행동을 통해서만 나타난다. 또한 그런 행동은 다른 사람과의 관계에서 일어나므로 다른 사람을 필요로 한다.

인간 행동을 움직이는 이런 관계들은 대체로 세 가지 영역에서 일어나는데 하나는 가족과 이웃에서 또 다른 하나는 친구와 직장 동료 사이에서 그리고 무슬림들과 그 밖의 사람들과의 관계에서 발생한다. 가족 중에서 부모를 잘 대접하는 것이 가장 중요한 덕목이고 부모에게 순종하는 것이 절대적인 사항이다.

그러나 자녀에게 알라 이외에 다른 신을 믿으라고 하는 부모의 말에는 순종하지 않는다고 한다. 혼인 초기부터 부부는 자유를 보장받지만 혼인을 지속하기 불가능하면 이혼이 해법이라고 한다. 이웃과의 관계는 이슬람 윤리에서 큰 자리를 차지하는데 한 동네에 사는 사람들끼리 서로 관심 있는 사람들에게 서로 유익을 나눈다. 무슬림들은 아프면 이웃으로 돌아오라고 하고 환난에 서로 돕고 기쁨을 서로 나누고 선물도 하고 초대도 한다고 한다. 그런데 현대 이슬람 사회가 도시화되면서 무슬림들은 개인 중심이 되고 이웃과의 이슬람적인 유대가 일부 사라지고 있다고 한다.

법률 제정은 법학과 관련되는데 이슬람 법학은 예배나 세상과의 거래(매매, 담보, 보장 등) 그리고 개인의 지위(혼인, 이혼, 상속 등)와 관련된다. 이슬람 법의 특징은 공정과 관용 그리고 다른 사람의 이익을 고려한다고 한다. 이런 특징이 구현되면 이슬람이 재빨리 퍼지고 안정된다는 것이다. 이슬람 입법은 개인, 가족, 사회 생활의 여러 면과 관련되고 발전된 정치 사회와 부흥하는 경제활동을 세우는 데 그 원리를 제공한다고 한다.

그러나 오늘날 이슬람 국가들이 정치가 부패하고 또 산유국을 제외하고는 경제가 낙후된 것을 어떻게 설명할 수 있을까?

또한, 입법은 정치적으로 경제적으로 사회적으로 치안 확보의 목적으로 이슬람 공동체의 삶을 조직해 주는 법들의 총체를 가리킨다. 이슬람은 입법하는 데 무슬림들에게 이즈티하드가 열려져 있어야 한다. 그래야 그들의 시간과 장소에 따라 자신들의 이익을 위하여 입법하고 실천할 수 있기 때문이다. 그것은 이즈티하드의 조건들을 충족시킨 무즈타히드에게 이즈티하드의 문은 열려 있어야 한다는 것이다.

무즈타히드는 율법적으로 잘 알려진 규칙과 이즈티하드의 조건들과 일반적인 규칙들에 의존하는데 무즈타히드는 이 분야를 전공하여 율법학에 대한 지식이 깊은 무슬림이어야 한다. 무즈타히드는 이와 관련된 언어적인 지식이 많고 아랍과 이슬람의 유산을 깊이 연구한 자이고 세상 학문과 연결 지을 수 있고 분석, 유추, 발견, 통찰력을 갖는 자이다.

이밖에, 이슬람에서 정치는 모든 시대의 무슬림을 인도할 수 있도록 세 가지 원리가 필요한데 정의와 공평과 슈라다. 이런 것을 실행할 방법과 방식과 수단과 방법은 각 시대의 무슬림들에게 남겨두어야 한다고 했다. 그리고 경제에 대해서는 세 가지 위험 요소가 있는데 이자 금지, 속임수, 전매이다. 또 사회적인 제도에 대해서는 혼인 제도를 보존하되 필요하면 이혼을 허락한다고 한다. 상속법은 다른 사람에게 불의가 되어서는 안 된다. 치안에 대해서는 이슬람 사회의 경계를 밖으로부터 지키는 군대가 있어야 하고 국내의 치안을 담당할 경찰이 있어야 한다. 그들 모두는 국민을 보호할 책임이 있고 악이 성행하지 않게 한다.[1] 이제 이슬람의 사회 제도를 질문과 대답의 형식으로 살펴보자.

문) 이슬람에서 가장 중요한 윤리는 무엇인가?

답) 윤리는 인간 자신 또는 다른 사람과 관련된 모든 행동들을 포함한다. 개인의 생활과 사회 생활이 서로 연결되므로 윤리는 이슬람에서 매우 중요하다. 사회의 윤리제도를 개혁하기 위하여 알라는 메신저들과 예언자들을 보냈다고 한다. 이슬람에서 종교는 좋은 윤리이다. 따라서 가장 중요한 윤리들은 아래와 같다.

① 언약을 이행하고 약속을 지킨다.
② 선(유익을 주는 일)에 협조한다.
③ 거짓과 부당함을 거부한다.
④ 신실함을 명하고 배신을 하지 않는다.

---

1 공일주, 『이슬람과 IS』, 349-353.

⑤ 정의를 명한다.
⑥ 시샘과 분노를 금한다.

문) 윤리와 믿음과 관계는 무엇인가?
답) 둘 사이의 관계는 아주 밀접하다. 믿음이 없으면 믿을만한 사람이 아니고 언약을 안 지키는 사람에게는 종교가 없다고 했다. 그리고 이슬람에서 윤리는 습득된다. 습득된다는 말은 인간의 삶을 통해서 배운다는 뜻이다. 죽음과 같이 인간에게 주어지는 운명(까다르)이 아니고 인간은 선이나 악을 택할 수 있다. 이런 이유로 악을 행하는 자가 벌을 받고 선을 행하는 자가 높임을 받는다. 이슬람에서는 목적이 행동을 정당화하지 못한다. 이슬람의 윤리는 동기와 행위를 모두 포함하기 때문이다. 그래서 목적이 선한 것일지라도 악행은 악행이다.

문) 이슬람 사회에서 가장 중요한 특징은 무엇인가?
답) 이슬람 사회의 특징으로는 두 가지가 있다.
첫째, 개인과 집단의 행동에서 윤리를 지킨다.
둘째, 가족에 대하여 깊은 관심을 갖는다.
(참조) 이슬람에서 여성은 생명권, 근로권, 학습권 등의 권리가 있으며 남편에게 순종하고, 자녀를 양육하고 피트나(두 집단 간의 충

돌)²를 일으키지 않도록 얼굴과 두 손바닥을 제외하고 몸을 감추는 등의 의무가 있다.

문) 이프타의 직무를 수행하고 종교의 법을 설명하는 직책을 가진 무프티가 되는 조건은 무엇인가?
답) 이슬람을 믿어야하고 성년, 이성, 피끄흐, 이즈티하드, 공정함을 갖는 자이다.

문) 파트와는 무엇인가?
답) 무프티의 답변문 또는 무프티가 설명한 법적 판결(후큼 알샤르이)은 파트와다. 무프티는 꾸란, 순나, 이즈티하드에서 온 증거를 사용한다.

문) 이프타의 제도는 무엇인가?
답) 어떤 법적 문제에 대하여 법적 판결을 질문하는 자가 무스타프티이고 무프티의 답변문은 파트와이다.

문) 이프타(법적 문제에 대한 판결을 밝히는 것)는 공직인가?
답) 무프티는 정부가 주는 월급을 받는다.

---

2 피트나는 시험, 길을 잃음, 사상의 혼란, 선동하는 능력, 고문, 환란, 반항 등의 의미를 갖는다.

문) 이즈티하드는 무엇인가?

답) 『현대아랍어사전』에서 이즈티하드는 법학자가 시행하는 법적 해석이나 법적 판결을 가리키고 또 법적 증거들을 통하여 일반적인 법률을 논리적인 규칙에 따라 결론을 끌어내는 것을 가리킨다.

문) 이즈티하드와 파트와는 무슨 차이가 있는가?

답) 이프타는 이즈티하드보다 더 구체적이다. 이즈티하드는 질문이 있건 없건 간에 법적 근거에서 법적 판결을 이스틴바뜨(논리적인 규칙에 따라 결론을 끌어내기)하는 것이다. 이프타는 질문이 있을 때만 답변을 해 주는 것이다. 법적 질문을 하면 그에 대한 답을 무프티가 주는데 이때 법적 판결에 대한 증거를 찾을 때 그 증거가 꾸란, 순나, 이즈티하드이다.

문) 이슬람에서 재물의 원천은 무엇인가?

답) 이슬람은 근로의 가치와 모든 개인이 일을 선택하는 자유가 있다. 이슬람은 사회에 대한 공공의 제도를 갖기 때문에 사람들에게 공공이익을 주어야 한다. 이런 제도에는 재물의 원천들이 있는데 그것은 자카(구빈세), 지즈야(자카를 지불하지 않는 비무슬림이 이슬람 치하에 살고 있을 경우 그가 내는 인두세), 카라즈(비무슬림이 토지를 소유할 경우 그의 농토에 대하여 내는 세금), 우슈르(자카를 내지 않는 비무슬림이 장사에서 취득한 재물에 대한 세금), 가나임(전쟁 이후에 무슬림들이 카피르들에게서 가져가는 재물) 등이다.

문) 지하드의 제도는 무엇인가?

답) 이슬람 법적 용어에서 지하드는 이슬람이 이기도록 그의 노력을 다 하는 것을 가리킨다. 지하드는 재물로 하는 지하드와 혀로 하는 지하드 그리고 나프스로 하는 지하드 등이 있다. 나프스로 하는 지하드는 알라를 위하여 싸우는 것이므로 파르드 알키파야지만 카피르가 이슬람 땅에 쳐들어오면 지하드는 파르드 아인(개별적으로 요구되는 것)이 된다.

문) 파르드 알아인과 파르드 알키파야는 무슨 차이인가?

답) 법학자들은 당연의무(파르드)와 의무(와집)는 메카 순례에서만 차이가 있을 뿐이라고 했다. 그러나 하나피파는 파르드는 절대적인 증거가 있어서 반드시 알고 반드시 행해야 하는 것이라고 했다. 와집은 짐작하는 증거가 있을 뿐이다.

당연의무(파르드)와 의무(와집)는 둘 다 행하면 상을 받고 안하면 벌을 받는다. 파르드 알아인은 각 개인 자신에게 요구되는 것으로서 아무도 그를 대신할 수 없다. 그래서 기도, 구빈세, 금식, 메카 순례는 파르드 알아인이다. 그런데 파르드 알키파야는 그 행하는 자가 누구든 상관 없이 그 일이 달성되기를 요구하는 것이다. 법학자들은 파르드 알아인이 파르드 알키파야보다 더 강하다고 했다.

문) 지하드는 공격적 지하드와 방어적 지하드가 있는가?
답) 무슬림을 죽이려 하는 자에게 자신의 나프스(생명)를 방어하기 위하여 지하드를 하거나 힘이 약한 무슬림들을 방어하거나 이슬람을 확산시키기 위하여 지하드를 한다.

문) 무슬림은 카피르와 무쉬리크와 싸워야 하는가?
답) 우선 이슬람을 받아들일지 그리고 지즈야를 낼지를 먼저 묻고 이런 두 가지를 거부하면 전쟁을 한다.

문) 이슬람의 입장에서 기독교인은 무쉬리크인가?
답) 예수님을 하나님의 아들로 믿기 때문에 이슬람의 입장에서 보면 기독교인은 무쉬리크이다.

문) 형벌(핫드)은 무엇인가?
답) 알라가 샤리아를 지키지 않은 자에게 알라가 명한 형벌이다.

문) 형벌을 시행해야 하는 죄목(카따야)은 무엇인가?
답) ① 간음(지나)죄이고 남편이나 아내가 아닌 사람과 성관계를 하는 것을 말한다. 형벌은 미혼자에게는 매로 때리고 기혼자는 돌로 친다. 이때 간음한 남자나 여자가 죽을 때까지 돌로 친다.
② 정숙한 여성에게 혐의를 씌우는 죄인데 80대의 매를 때린다.
③ 음주의 형벌은 태형이다.

④ 절도의 형벌은 손을 절단한다.

⑤ 노상 강도의 형벌은 사형이다.

⑥ 배교(릿다[3])의 형벌은 사형이다. 릿다는 인간이 그의 종교에서 떠났거나 이슬람을 믿은 후에 이슬람을 믿지 않는 것이다. 이슬람에서 릿다는 이슬람 종교를 버렸다는 것이 아니라 이슬람에 대한 전쟁을 하는 것으로 여긴다. 릿다는 단순히 지적 태도에만 국한된 것이 아니고 충성을 바꾼 것이고 정체성을 바꾼 것이고 소속을 바꾼 것으로 여긴다. 무르탓드는 그의 충성을 바꾸어서 한 움마에서 다른 움마로 옮긴 것이라고 말한다. 이슬람 종교를 안 믿는다는 것은 이슬람 집단에서 분리된 것이라고 한다.[4]

⑦ 살인죄를 저지른 자는 사형에 처한다.

그러나 위 형벌의 일부는 이슬람 국가마다 처벌의 정도가 달라졌다.[5]

이상과 같이 무슬림들은 사회 생활과 관련하여 배교의 형벌을 정해두었기 때문에 무슬림이 종교를 바꿀 자유는 박탈되어 있다. BMB(believers

---

[3] 이르탓다라는 말은 이슬람을 믿었다가 안 믿는다는 말인데 릿다는 이슬람을 믿은 후에 쿠프르로 되돌아가는 것을 말한다. 쿠프르는 믿음(이만)의 반대말이다. 이슬람에서는 이슬람을 믿은 후 쿠프르가 된 자를 이슬람과 무슬림의 적이라고 말한다. 물론 무슬림들은 이슬람을 폄하하는 것을 받아들이지 않는다. 그래서 이슬람에서는 무르탓드(이슬람을 믿었다가 안 믿는 자)를 죽이는 것이 이상하지 않다고 한다(*Haqā'iq al-islām*, 553).

[4] *Haqā'iq al-islām*, 554.

[5] 공일주, 『이슬람 문명의 이해』, 162-172.

of Muslim background) 들이 회심한 뒤에 겪는 공통된 이슈는 다음과 같다.

① 고향, 가족, 문화를 두고 떠나서 외로움과 정체성의 박탈감을 느낀다.
② 가족의 적극적인 박해에 부딪혀서 가족의 거부감에 시달린다.
③ 기존 공동체가 짐 지우는 수치감에 시달린다.
④ 이슬람은 따라야 할 것이 분명한 데 반하여 기독교 신앙의 체계가 단순하지 않다는 것을 느낀다.
⑤ 무슬림이었을 때와 비교하여 기독교인들 사이에 커뮤니티 결속력이 약하다는 것을 느낀다.

그런데 이주 무슬림은 한국에 오면 또 다른 도전에 마주치기 때문에 다음과 같은 사항을 고려한 이주민을 위한 오리엔테이션 자료가 필요할 것이다.

① 이슬람 국가와 대조적으로 여러 가지 선택의 자유를 가지면서 어떻게 지혜롭게 선택할 것인가?
② 재정에 대한 예산을 어떻게 세울까?
③ 한국인의 문화와 사고방식에 어떻게 조정할까?
④ 이성과의 관계를 어떻게 다룰까?
⑤ 난민 신청 절차, 취업, 서류 작성 등을 어떻게 해낼까?
⑥ 자신의 정체성과 서로 다른 부분들을 어떻게 통합할 것인가?

1) 복음전도를 위한 준비 단계

예수 그리스도는 우리를 부르셔서 모든 문화들에서 온 사람들을 제자 삼으라고 하셨다. 그러나 이것은 서구 기독교인을 만들거나 한국인 기독교인을 만들라고 부르신 것은 아니다. 모든 문화에는 좋은 점과 나쁜 점이 있다. 우리 모두는 하나님 말씀이 우리 문화의 어두운 부분을 비쳐 주시도록 해야 한다.

예를 들면 손을 부여잡고 기도할 것인가?

아니면 손바닥을 하늘로 향하고 기도할 것인가?

개인주의인가?

아니면 서로 나누는 문화인가?

핵가족인가?

아니면 대가족인가?에 따라 교회의 문화가 달라질 수 있다.

하나님은 문화적 다양성을 환영하신다. BMB를 통하여 이런 문화를 접하기도 하는데 사실 우리가 배워서는 안 되는 문화도 있다. 만일 이런 문화들 중 인간의 죄 때문에 생긴 것이라면 하나님의 말씀은 이런 문화를 도전하실 것이다.

무슬림이 그리스도의 제자가 되는 과정에서 자신에게 상처를 준 사람을 용서하고 무엇인가를 결정함에 있어서 하나님을 우선하면 명예보다 정직이 더 가치 있다는 것을 알게 될 것이다. 그리고 각 개인이 갖는 배경과 문화가 혼합된 문제도 있다. 이런 것을 발견하려면 많은 시간을 BMB와 같이 해야 하고 또한 그들의 말을 잘 듣고 그들을 위하여 기도

하는 것이 필요하다. 그들의 양육과정과 가족 생활에 대하여 물어보라. 개인마다 다 다를 것이다.

이것은 질문을 통하는 대화가 제일 좋다. 많은 무슬림 문화는 유사점이 있지만 다양하다는 것을 잊지마라. 중앙아시아, 동남아시아, 남아시아 그리고 이들 권역에 사는 개별 국가마다 서로 다르고 심지어 한 국가 안에서도 지역별로, 인종별로, 사회 경제적 계층에 따라 서로 다른 문화를 가질 수 있다. 그들의 문화 중에서 좋아하는 것과 싫어하는 것을 물어 보라. 예수를 영접하고 나서 이전 문화를 버리는 사람도 있다. 그러나 장기적으로 볼 때 심리적으로 건강한 것은 옛 문화가 새로운 문화와 일정 부분이 통합된 것이 억지로 기존 문화를 억압하는 것보다 더 낫다.

이슬람에 대한 명확한 관점을 갖는 것이 중요한데 여러분은 아래 사항을 어떻게 받아들이겠는가?

① 이슬람은 기독교와 전혀 다른 종교이다.
② 꾸란은 하나님의 말씀이 아니고 성경과 연속성이 없다.
③ 무함마드는 성경의 예언자가 아니다.

그러나 아래와 같이 행동하라고 하면 여러분은 어떻게 받아들이겠는가?

① 무함마드를 공격하거나 비판하지 말라. 오히려 평범한 일상사의 문제나 인간의 문제들을 대화의 주제로 삼으라.
② 꾸란을 다른 물건 위에 두고 귀하게 다루는 듯이 성경을 귀하게 다

루고 낙서하지 않는다.
③ 이스라엘과 미국 등의 어휘를 써서 정치적인 논쟁으로 발전하지 않도록 한다.

무슬림을 만나기 전에 우리가 알아야 할 것은 무슬림의 문화와 세계관을 아는 일이다.

① 환대(hospitality)가 무슬림의 중요한 덕목이다. 우리도 그들을 식탁의 교제로 초대한다. 예수님은 잔치에 우리를 초청하셨다. 요한계시록 3:20과 누가복음 14:15-24을 보라.
② 무슬림은 가장이나 종교 지도자를 신실(loyalty)하게 따른다. 예수님은 하나님을 신실하게 따랐다(요 6:38-40; 히 12:2).
③ 수치와 명예는 무슬림에게 죄와 죄책감보다 더 중요하다. 예수님의 말을 부끄러워하면 아버지가 올 때 그 사람을 부끄러워할 것이다(빌 2:5-11; 눅 9:26; 롬 10:11).

그렇다면 복음 전도자는 무슬림에게 어떻게 다가갈까?

① 진정으로 좋은 친구가 되라. 친구인척 하지 말고 그의 삶에 개입할 수 있을 만큼 우정을 쌓는다.
② 이슬람의 문화를 경청하고 배우는 자세를 갖는다.
③ 가능하면 가족과 가족 간의 관계로 발전시킨다.

④ 마음의 문제를 다뤄라. 사랑과 행복, 평안 등

⑤ 사랑은 한 영혼을 얻는다는 것을 기억하라. 기독교가 이슬람보다 낫다는 우월감을 가져서는 안 된다.

⑥ 무슬림의 삶의 필요를 채워줄 방안을 찾아보라.

⑦ 기도로 시작하고 성령보다 앞서지 않으려고 힘쓰라. 우리의 기도로 그들이 변한다는 것과 무슬림은 꿈을 중요시 한다는 것을 기억한다.

⑧ 무슬림의 질문에 충분히 답할 정도로 평소에 잘 준비해둔다. 무슬림에게 변증하는 책을 보라.

⑨ 무슬림의 언어를 배우는 것이 필수이다. 언어를 배우면 그들의 문화를 더 잘 이해할 수 있다.

⑩ 무슬림은 우리의 태도에 민감하다. 무슬림이 복음을 거부하는 이유들 중에는 그를 만난 기독교인의 잘못된 태도 때문일 수도 있다.

⑪ 무슬림에게 하나님이 누구신가를 드러낼 수 있을 만큼 신실하라. 하나님과 친밀한 관계를 가지고 우리의 감정과 영적인 면에서 늘 긍정적으로 살아가자.

그러면 무슬림과의 대화에서 논란이 되는 주제들은 무엇이 있을까?

① 성경이 변질되지 않았다. 꾸란이 언급하는 "변질"의 어휘는 해석이 변질되었다는 것이지 낱말이 변질되었다는 것이 아니다.

② 예수님이 십자가에 돌아가셨다. 꾸란의 3:55과 5:117에 언급된

어휘는 죽음, 잠, 데려감이란 의미들이 가능하다.

③ 무함마드에 대한 예언이 성경에 없다. 무슬림은 요한복음 14:16(보혜사)과 신명기 18:15을 언급한다. 성령은 파라클레토스(*paracletos*)이고 찬양받는 이란 뜻은 페리클리토스(*periclytos*)라서 서로 다르다.

④ 무슬림들은 오리지널 복음은 바나바(Barnabas) 복음이라고 한다. 17세기에 만들어진 이 책은 예수님이 십자가에 돌아가신 것을 부인하는데 4복음서는 이보다 먼저 계시된 것이다.

그러면 무슬림이 기독교인을 만나면 무엇을 기대하는가?

국내에 입국하는 무슬림들 중에서 과격한 성향을 가진 무슬림이 입국하더라도 자신의 정체를 드러내지 않고 새롭게 자신을 한국인들에게 보여 주려하기 때문에 그가 과격한 무슬림인지 살라피 무슬림인지 또는 지하드를 하는 타크피르 무슬림인지 또는 세속적인 무슬림인지 우리가 알기 어렵다. 무슬림에게 복음을 전하면 그들은 자신들에게 복음을 확신시켜 달라(convince)고 주문한다. 우리가 하나님을 공경하는 것을 무슬림이 보고 싶어 한다. 그리고 우리가 하나님을 신실하게 친밀하게 대하는 것을 무슬림은 보고 싶어 한다. 또한 무슬림은 우리가 하나님을 깊이 체험하는 것을 보고 싶어 한다. 기독교인에게서 깊은 사랑을 받은 무슬림은 자신이 앞으로 값비싼 대가를 치르게 될 결정을 하는데 그 사랑이 큰 힘이 된다.

2) 무슬림 전도를 위한 새로운 용어[6]

① BMB(believers of Muslim background): 무슬림 배경의 신자를 MBB 또는 BMB라고 한다. 이 약어는 예수 그리스도를 하나님의 아들과 구주로 믿는 무슬림을 가리킨다. 이슬람 국가에서 이런 용어를 사용하는 것은 개종자나 기독교인이란 말이 보안에 더 민감하기 때문이다.

② 제자: 예수 그리스도를 따르는 자를 가리키고 그의 삶을 하나님 나라로 다시 방향을 정한 사람이고 그리스도의 가치관과 목적에 순종하는 것을 추구하는 자이다.

③ 제자화(discipleship): 새로운 BMB를 예수 그리스도를 따르는 성숙한 자로 준비시키는 과정을 가리킨다. 그리스도를 위하여 다른 무슬림에게 다가가는 예수 그리스도의 성숙한 제자로서 새로운 BMB 그룹을 시작하려고 다른 무슬림들을 훈련시킨다.

④ 건강한 BMB 제자: 예수그리스도와 관계에서 성장하는 BMB 제자이고 BMB 그룹 안에서 교제를 체험한다. 예수를 따르도록 다른 무슬림들을 이끌고 다른 무슬림에게 복음을 나누고 새로운 BMB 그룹을 시작한다.

⑤ 제자 훈련자(discipler): 교회 개척자라는 말과 같은데 제자 훈련자는 아랍 국가에서는 제도권에서 허락하는 교회 개척이 어려우므로 교

---

6 Paul Stephens, *Practices Contributing to and Inhibiting the Growth of Muslim Background Believer Groups in Arabland*(Columbia: Columbia International University, 2009), 참조.

회 개척자보다는 제자 훈련자를 선호한다. 따라서 아랍 국가에서 BMB 그룹은 공개적인 국가에서 교회 개척하는 전통적인 모델과 크게 다르다.

⑥ 지역 BMB 제자 훈련자: 아라비아 반도에서 기독교 배경의 종족에서 온 사람으로서 BMB를 제자 훈련하는 자이다.

⑦ 외국인 BMB 제자 훈련자: 아라비아 반도에 살지만 아라비아 반도의 종족이 아니고 BMB를 제자 훈련하는 자이다.

⑧ BMB 그룹: 무슬림 배경의 신자 그룹은 예수 그리스도를 따르는 신자들의 모임이고 이슬람 배경을 가진 자들이다. 그룹은 아랍어로 "마즈무아"라고 하는데 교회라는 말 대신에 사용한다.

⑨ 기독교 배경의 신자(BCB 또는 CBB)의 교회: 역사적으로 기독교 유산을 가진 신자들이 모인 것이고 교회는 건물과 연결되고 목회자는 특정 기독교 교단에서 안수 받는 자들이다.

⑩ 상황화: 아라비아 반도에서 상황화는 성경적 계시와 상충하는 이슬람 종교적 의미에 동화되지 않고 그 문화의 언어적, 사회적 형태들 안에서 복음을 육화(incarnation)하는 것이다.

⑪ 박해(persecution): 예수 그리스도의 복음에 적대적인 정부 당국이나 가족이나 종교 당국의 행동 때문에 예수 그리스도를 따르는 자가 경험하는 육체적, 감정적, 사회적, 재정적 해로움을 당한 것을 가리킨다.

3. 무슬림 커뮤니티에서 그리스도를 따르기 위한 지침들

1) 복음을 전할 때 고려할 몇 가지 어휘들의 의미와 개념

무슬림에게 복음을 전하는 데 가장 중요하게 고려해야 할 핵심은 무엇일까?

그것은 성경에 나온 용어가 꾸란과 이슬람에서 사용될 때 서로 다른 의미와 개념으로 사용되는 경우가 있다는 점이다. 무슬림 배경의 신자에게는 그가 사용한 기존의 이슬람 용어를 다리로 하여 새로운 기독교적 의미를 파악하려고 한다. 따라서 무슬림 제자 훈련자는 자주 성경적 개념을 분명하게 알고 있어야 BMB를 적시에 잘 도울 수 있다.

(1) 이만과 쿠프르

이슬람의 교리는 전문 용어적 의미에서 그 개념이 신체적 그리고 정신적 문제들과 연관된다. 무슬림들은 믿음(belief)은 마음과 매듭이 지어진 것을 가리킨다고 했다. 매듭이 지어진 것은 확고하고, 흔들리지 않는다는 뜻이다. 이슬람 신학자의 개념에서 믿음은 알라의 존재나 전능하심을 받아들이는 것과 관련된다고 했다. 이슬람 개념에서 교리는 견고한 믿음들만 포함한다. 따라서 이슬람에서 교리는 여러 가지 방법으로 인간의 마음에 침투한다고 했다.[7] 이슬람에서 교리는 믿음과 동의

---

7   Ahmad Mohammed at-Tayyeb, 9.

어이다. 물론 샤리아는 선행들과 연결된다. 무슬림들에게는 교리가 확신과 진실한 지식에 바탕을 두었다면 그런 교리는 반박되지 않으나 어떤 교리가 의심과 상상적인 근거에 따르면 그런 교리는 억측과 추측일 뿐이다. 그렇다면 이슬람에서 믿음이 무엇인지를 몇 가지 설명하고자 한다.

어휘적 의미에서 무으민과 어근이 같은 '이만'은 신뢰라는 뜻이다. '이만'의 이슬람 법적 의미는 꾸란과 순나에 여러 차례 사용된다. 교리(아끼다 또는 이으티까드)는 이만과 동의어로 사용된다. 꾸란과 순나에 사용된 이만의 의미는 종교 원리의 책들에 나오는 이만의 개념과 다르다. 꾸란과 순나에서 '알이만 빌라히'(al-'imān billāhi)는 알라의 존재하심을 신뢰하고 인정하고 고백하는 것이다. 그리고 '알이만 릴라히'(al-imān lillāhi)는 알라에게 순종하는 것이다. 따라서 '이슬람'이란 말은 '알이만 릴라히'와 같은 의미이고 '알이만 빌라히'의 의미가 아니다.

이만이라는 말은 믿음(이으티까드)과 복종을 포함한다. 그러므로 이만은 이으티까드보다 더 넓은 의미이다. 알이만 빌라히의 반대말은 쿠프르(알라의 존재를 신뢰하지 않음)이고 알이만 릴라히는 알라를 믿는다는 조건하에 순종하는 것이다.

이를 볼 때 믿는 자들이 순종하면 이만이 되지만 불순종하는 것은 쿠프르가 아니다. 이처럼 이슬람과 이만은 함께 언급되는데 만일 둘 중 하나만 언급할 경우에는 그 중 하나가 다른 하나의 의미를 포함한다. 순니파 무슬림은 순종으로 이만이 증가하고 불순종으로 이만이 줄어든다고 합의했다.

(2) 카피르

꾸란에서 '카피르'는 '알라의 존재를 부인하는 자'를 가리키지만 현대에 와서 카피르의 뜻은 무슬림들마다 다르게 이해하는데 가령 카피르는 알라나 무함마드나 샤리아를 믿지 않는 자 또는 무함마드가 가져다 준 것을 부인하는 자 또는 이슬람으로부터 출교될 자 등을 가리킨다.

(3) 타끄와

타끄와의 전문적 의미는 알라의 벌과 처벌을 조심하여 그에게 순종하고 그의 명령을 따르고 그가 금지한 것을 피하는 것이다. 이슬람 학자들은 타끄와가 어휘적 의미와 일부 법적 의미에서 이해한대로 단순히 불순종을 피하고 조심하는 것에만 제한되지 않고 긍정적이고 실천적인 순종과 미덕을 포함한다고 했다. 꾸란에서 타끄와는 예배하고 불순종을 버리고 충심으로 행하는 것이다. 하디스에서 타끄와는 불순종하는 행동을 금하고 명령을 실천하는 순종적인 행동을 하라는 의미이다.[8] 이슬람의 가치관은 종교와 타끄와와 밀접하게 연관되어 있다.

(4) 알마시흐

아랍어-아랍어사전을 보면 "알마시흐"는 이싸의 별명(laqab)이라고 한다.[9] 무슬림들에게 알마시흐는 이싸의 다른 이름에 불과하다. 무슬림들이 사용하는 "알마시흐"와 아랍인 기독교인이 사용하는 "알마시흐"는

---

8   공일주, 『꾸란과 아랍어 성경의 의미와 해석』, 17.

9   Ahmad Mukhtār ʻUmar, *Muʻjam al-lughah al-ʻArabiyyah al-MuʻāSirah* Vol.3(2008), 2096.

어휘는 같으나 그 개념이 서로 다르다. 성경의 메시아는 기름 부음을 받은 자이고 왕과 제사장과 선지자들이 기름 부음을 받았다. 그러나 이슬람에서는 알마시흐가 이싸의 다른 이름에 불과하고 왕이나 제사장으로 부르지 않는다. 그러므로 꾸란과 성경에 나오는 유사한 어휘들이 복음을 실어 나르는 접촉점으로 도움이 될 수도 있으나 이들 간의 차이를 정확히 모르면 완벽하게 복음을 전달하기 어렵다.

(5) 캅파라

한국의 무슬림들이 캅파라(kaffārah)를 속죄라고 번역하는데 그 의미는 실제 무엇일까?

캅파라는 쿠프르라는 단어에서 왔기 때문에 언어적 의미로는 숨김, 덮기라는 의미다.『현대아랍어사전』에서 캅파라는 싸다까[10]나 금식 또는 음식을 제공하는 것으로 죄의 용서를 구하는 것이다. 알라가 그에게 죄를 캅파라했다는 말은 알라가 그를 용서하였다. 알라가 그를 벌하지 않았다[11]는 뜻이다. 전문적인 의미로는 캅파라는 특별한 조건들을 가지고 사다까와 금식과 노예를 해방시켜 죄를 용서받으려고 어떤 행위를 하는 것이다.[12]

이렇게 이슬람에서 캅파라의 개념은 기독교의 대속이나 속죄의 개념

---

10 싸다까는 재산에 대한 의무적인 자카 또는 알라에게 가까이 가려고 가난한 자에게 재물이나 음식이나 옷을 주는 것을 의미한다.
11 Ahmad Mukhtar Umar, *Muʿjam al-lughah al-ʿArabiyyah al-MuʿāSirah* Vol.3, 1943.
12 *al-Mawsūʿah al-islamiyyah al-ʿAmmah*, 1196.

과 다르다. 기독교에서는 그리스도의 죽음에 대한 중심 의미는 죄인들을 위한 대속(substitution), 죄에 관하여 구속(redemption)[13], 하나님에 관하여 화해(propitiation), 인간과 세상에 관하여 화목(reconciliation), 우리의 죄들을 위한 칭의(justification) 등의 개념과 연관된다.

화해는 인간을 하나님의 의와 공의를 만족시켜서 하나님 진노하에 있던 인간을 밖으로 꺼내는 것이고 구속은 속전(ransom)을 지불하는 것을 통하여 죄, 사탄, 율법에 노예가 된 우리를 그 밖으로 꺼내는 것이다. 대속적 죽음(Substitutionary death)이란 죄의 빚이란 막대한 부담하에 있는 우리를 밖으로 끌어내는 것이다. 그리스도께서 화해, 구속, 대속적 죽음을 행하셔서 죄로 생겨난 장벽을 허물어 주셨다. 이런 장벽이 사라졌음에도 사람과 하나님 사이의 관계가 확립되어야 하는데 이것이 화목이다.

(6) 타크피르

성경에서 타크피르는 'atonement'(속죄)인데 속죄는 그리스도가 인류의 죗값을 지불한 것으로서 거룩한 하나님의 공의(righteous justice)를 만족시키는 지불이나 희생을 가리킨다. 예수 그리스도가 죽음의 형벌로 고통을 받으심으로 우리의 죄를 속죄하였다. 성경의 타크피르(atonement)는 죽음의 벌을 받고 죄에서 자유로워지는 것이다. 성경의 타브리르(tabrīr, justification)는 죄책감과 죄의 벌로부터 자유롭고 하나님의 의를

---

[13] 주로 전쟁포로, 노예, 선고받은 죄인을 해방시키는 몸값지불을 가리킨다(안드레아스 외, 『신약개론』[서울: CLC, 2013], 662).

받아들인 것을 말하는데 우리말로는 칭의라고 한다. 그러나 아랍어사전에는 "그것이 정당하다는 원인을 언급하다"라는 의미다.

기독교에서는 죄에 대한 속죄가 구원의 기본이다. 어떤 사람을 해방시키기 위하여 지불하는 몸값이 피드야라고 하는데 사람이 율법의 저주로부터 자유로워지는 것은 속전(ransom, fidya)인데 죄의 권세로부터 우리를 해방시킨 속전은 그리스도의 죽음이다. 그리고 구속[14](redemption, fidāʾ)은 다시 사는(매수) 것을 가리키고 예수의 죽으심의 값으로 우리를 속량하신다. 하나님은 우리를 사랑하사 그분 자신을 위하여 그의 죽음으로 값을 치르고 우리를 다시 사셨다. 구속은 죄의 노예로부터 그리스도의 피로 그 값을 지불하여 자유의 상태가 되는 것이다. 아랍어 성경에서 '구속'(알피다)은 종살이 하는 노예를 사서 그를 해방시키는 것이고 '알캅파라'(화해)는 죽음의 벌에서 해방시켜 하나님과 화평하게 되는 것이다.[15] 따라서 아랍 무슬림이 생각하는 캅파라와 성경의 캅파라는 서로 다른 의미를 갖는다.

『현대아랍어사전』(2008)에서 타크피르는 죄를 뉘우친다는 것을 표현하기 위하여 자신에게 육체나 정신적인 고통의 벌을 자발적으로 주는 것이다. 물론 20세기 이후 중동에서 유행하고 있는 타크피르 문화 또는

---

14 구속은 예수가 십자가에 못 박혀 인류의 죄를 대속(代贖)하여 구원함이고 속량 또는 속죄는 예수가 십자가에 못박힘으로써 인류의 죄를 대신 씻어 구원한 일(『표준국어대사전』)이라고 하여 서로 구분이 안 된다.

15 화목(reconciliation)은 적의를 제거하여 선하고 올바른 관계가 회복됨으로써 불화가 종결되는 것(551쪽). 화해는 선물을 제공하여 진노를 거두는 것이고 구속(redemption)은 값이나 속전을 지불함으로써 악이나 속박에서 구원하는 것(49쪽)이고 속죄(atonement)는 죄를 제거하여 인간으로 하여금 하나님과 올바른 관계를 갖도록 하기 위해 하나님이 사용하시는 방법이나 과정이다(『성경사전』[IVP, 1992], 283).

타크피르 집단에 사용되는 타크피르는 이와 의미가 다르다.

이처럼 무슬림과 기독교인 간의 동일 용어가 서로 다른 개념을 갖는 것 이외에 우리가 무슬림과의 만남에서 관심을 가져야 할 부문이 있다. 그것은 무슬림은 개인보다는 커뮤니티 중심이라는 것이다. 따라서 무슬림에 대한 접근에서도 개인 전도는 물론 커뮤니티 전체를 염두에 두어야 할 것이다. 따라서 개종자가 새로운 커뮤니티에 소속될 수 있도록 우리가 돕는 것이 중요하다.

2) 무슬림 커뮤니티에서 전도와 제자 양육을 위한 11가지 지침

2011년 과거 무슬림이었다가 복음을 듣고 기독교인이 된 73명에 대한 예수님의 부활, 신성, 성육신에 대하여 설문조사 결과(Mofid Wasef, 2011), 꾸란이나 아랍 기독교인들의 책보다 성경이 무슬림이 개종하는 데 가장 강력한 영향을 주었다고 했다. 한국교회는 성도들이 이슬람에 대한 정확한 이해를 돕는 자료들을 만들고 무슬림에게 복음을 전하고 제자로 양육하는데 사용할 수 있는 자료들을 담아내야 한다.

(1) "이싸"에 머무르지 말고 성경의 예수 그리스도를 전해야 한다

국내 이주민에 대한 올바른 선교는 아랍어로 된 꾸란을 사용하기보다는 성경을 그들의 언어로 전하는 것이 바람직하다. 이들 국가에서는 성경의 예수를 "이싸"라고 대부분 사용하기 때문에 이들 지역에서 온 무슬림들에게 "이싸"를 사용하되 제자 훈련에서는 이싸에 머무르지 말고 성경의 예수 그리스도가 누구신가를 설명해 주어야 한다.

꾸란의 이싸는 십자가에 돌아가시지 않았고 성육신하지 않았으며 하나님의 아들이 아니라고 한다. 이슬람 전승에는 이싸가 재림한다고 하지만 그가 십자가를 부수고 이슬람을 선포하는 일을 한다고 하므로 성경의 예수와 크게 다르다.

따라서 첫 번째 무슬림 선교 방안은 꾸란의 이싸가 아닌 성경의 예수를 전하는 것이다.

이제는 한국에 체류하는 전도자에게 복음을 어떻게 전할 것인가에 더 많은 관심과 시간을 투자해야 한다. 전도지는 이들 국가의 언어로 번역된 성경을 사용하고 이들 언어로 번역된 성경을 교회가 준비해 놓는다.

예수 그리스도의 삶과 가르침이 무엇인가를 분명하게 전하는 것이다. 단순하게 설교시간에 초대하는 것으로 그치지 말고 토론과 대화의 시간을 주어서 무슬림이 궁금해 하는 질문을 답해 줄 수 있어야 한다. 이렇게 되려면 교회는 무슬림에게 복음을 전하고 교회학교 교재에는 무슬림과 변증할 수 있는 단원을 삽입해야 한다.

(2) 생각하게 하는 질문을 하라

무슬림과의 대화에서는 "예/ 아니오"와 같이 단답형 질문보다는 무슬림에게 생각하게 하는 질문이 더 낫다. 대부분의 사람들은 무슬림들과 가까이 다가가는 방법들 중 하나로 관계 전도를 추천한다.

오늘날 무슬림들은 꾸란을 읽고 혼자 해석하지 못한다. 모스크에 가서 이맘이 해석해 준 말을 그대로 맹종하는 것이다. 그래서 오늘날 이슬람 세계에서 무슬림들에게 가장 많은 영향을 주는 자는 이맘이다. 아랍 이슬람 세계는 극단적인 사상과 타크피르(상대를 쿠프르에 속한다고 하거나 이슬람 사회를 쿠프르에 속한 사회라고 하는 것) 사상이 휩쓸고 있는데 그런 극단적인 사상의 원인들 중에는 무자격자가 꾸란[16]과 하디스의 텍스트 해석을 잘못하여 올바른 이해에서 멀어졌기 때문이라고 한다.

오늘날 이슬람 세계에서 극단적인 무슬림을 볼 수 있는 이유는 지난 200년 동안 이슬람 국가에서 이슬람 교육이 제대로 이뤄지지 못했기 때문이라고 한다. 국내 이주민의 이슬람에 대한 지식이 어느 정도인지 그리고 얼마나 이슬람 샤리아를 실생활에서 실천하는지에 대한 연구가 필요하다.

무조건 꾸란을 외우라고 하여 아무 뜻도 모르고 외운 무슬림들이 이성적인 사고에서 멀어져 갔기 때문에 모스크나 영향력 있는 종교지도자들의 말을 맹목적으로 따르고 있다. 이슬람에서 "사고"는 종교적인 의무라고 한다. 꾸란은 인간에게 사고하는 능력을 사용하라고 한다.[17] 이런 요구는 우리가 복음을 전할 때 그들에게 도전을 줄 수 있는 말이 된다. 무슬림들에게 좀 더 생각하게 하는 질문을 해 보는 것이다.

그 예로 하디스에 대한 이야기를 해 볼 필요가 있다. 무슬림들에게 하디스는 꾸란 다음으로 매우 중요한 책이다. 무함마드의 언행록인데 하

---

16   꾸란은 언어적 의미로는 읽기라는 말이지만 예배자의 입에서 읽어지는 알라의 말(kalam)이라고 하고 이슬람 법 원리론에서 꾸란은 무함마드에게 내려온 아랍어 말이라고 한다 (Ramadan Ali al-Sayyid al-sharnanbasi, *Usul al-fiqh al-islami*[alexandria, 2011],13).

17   Mahmoud Hamdy Zaqzouq, *Muslim perspective of Human Values*(Cairo: ACT, 2017), 23-24.

디스는 크게 두 부분(본문과 이스나드)으로 되어 있다. 무함마드의 말을 누구에게 전해졌는가를 따져서 전달자 집단과의 연결성 등 여러 조건에서 오류가 없는 "하디스 싸히흐"와 전달자 집단과의 연결성이 사라진 "하디스 다이프"로 나누기도 하고 또는 해당 하디스 구절이 자주 여러 명이 전해 주었다는 "하디스 무타와티르," 확신에 가까운 생각이라는 하디스 마쉬후르, 하디스 내용을 오직 한 사람만 언급했다는 "하디스 아하드"가 있다.

하디스는 이슬람의 두 번째 법적 자료가 되는데 대부분의 하디스는 하디스 아하드이다.[18] 그런데 일부 무슬림들은 하디스의 분류 방식에 문제가 있다고 주장한다. 전달자의 연결성에 초점을 둘게 아니라 그 하디스 본문(마튼)이 옳은 내용인지 그른 것인지를 따졌어야 했다는 것이다. 문제는 IS 조직이 하디스 다이프나 하디스 아하드에 해당하는 본문을 사용했다고 한다.

그런데 오늘날 무슬림들 역시 자신들이 알고 있는 하디스 대부분이 하디스 아하드에 해당한다고 말하면 무슬림들은 어떻게 반응할까?

오늘날 무슬림의 문제들 중에는 꾸란의 해석에서 학자마다 다르고 이슬람 법 원리론에서도 법학자들마다 이슬람 법에 대한 해석이 다르고 무흠 하디스냐 아니냐에 따라 이슬람에 대한 이해와 해석이 다르다. 초기 무슬림들은 꾸란을 해석하기 위하여 당시 이슬람으로 개종한 유대인과 기독교인들로부터 도움을 받았다.

---

18 Ramadan Ali al-Sayyid al-sharnanbasi, *Usul al-fiqh al-islami*(Alexandria, 2011), 36.

그러나 역사를 거치면서 무슬림들은 이런 내용들이 이슬람 교리를 망가뜨린다고 생각하고 이슬람에 맞는 부분만 남기고 이슬람과 차이가 나는 부분은 삭제하라고 가르친다. 이집트나 요르단에서 사우디아라비아의 이슬람을 온전한 이슬람이 아니라고 하는데 무엇이 제대로 된 이슬람이냐고 물어볼 수도 있다. 전도자는 배우는 자세로 접근하는 것이 좋다. 이슬람 학자들은 "오늘날 무슬림들은 많은데 이슬람이 없다"고 한다.

꾸란 4:80은 "라술(무함마드)에게 순종한 자는 알라에게 순종한 자이다"라고 하면서 알라가 명령한 것만 무함마드가 명하고 알라가 금한 것만 무함마드가 금했기 때문이라고 해석한다.[19] 오늘날 지하드는 카피르와 싸우는 것 또는 이슬람을 전하는 것을 막는 자와 싸우는 것을 의미한다. IS조직은 기독교인들을 카피르(알라의 존재를 믿지 않는 자[20])라고 하고 심지어 동료 무슬림들도 자신들의 이슬람 사상과 다르면 카피르로 몰아 살해한다.

이슬람에서 기독교로 개종한 사람들은 지하드를 하는 살라피 무슬림들의 공격을 당하기 쉽다. 따라서 BMB는 그가 가족과 친구들에게 복음을 전할 수 있도록 훈련받아야 하는데 이런 훈련 과정에서 반드시 박해받는 이유들과 박해를 당할 때 어떻게 반응할지 알려주어야 한다. 이것이 두 번째 선교 방안이다.

---

19 *al-Muntakhab*(이집트 종교성, 2014), 147.
20 이슬람 학자들은 기독교인들은 삼위일체를 믿고 이슬람은 타우히드(일신론)를 믿는다고 주장한다. 무슬림들은 기독교인들이 믿는 삼위일체는 이성적인 증거와 전수된 증거로 볼 때 삼신을 믿는 것이라고 했다. 삼위는 세 본질(essence)을 나타내므로 서로 구별되는 세 신이라고 했다.

(3) 성경과 대조한 후 무슬림들의 용어와 개념에 대한 정확한 이해를 한다(공일주, 『꾸란과 아랍어 성경의 의미와 해석』, 참조)

BMB가 새롭게 받아들이는 기독교를 이해를 하려면 그가 이미 갖고 있는 기존의 이해에서 시작하는 것이 좋다. 옛것과 새것을 비교시켜 대조하면 새것이 더욱 분명해진다. 무슬림이 아는 개념을 사용할 때에는 각 나라별로 이런 이슬람 용어가 무슨 의미를 갖는지를 확인하는 작업이 필요하다. 무슬림마다 이슬람에 대한 지식과 수준에서 서로 다르기 때문이다. 오늘날 이슬람 세계에서는 특정한 용어들에 대한 정부의 노력으로 "개념 시정"을 진행하고 있다.

오늘날 무슬림들이 처한 환경에서 그들이 어떻게 개념들을 이해하고 있는지 특히 성경의 개념과 그들의 정부나 이슬람 종교 기관이 새로 정의한 개념과 어떻게 차이가 나는지 우리가 현장 연구를 해 보아야 한다.

가령 아랍어 '칼라스'(khalāṣ)는 성경에서는 영적인 면에서 하나님과 관계를 고려한 '구원'이란 의미이지만 무슬림들은 이 어휘를 '어떤 곤경에서 벗어났음, 혹은 어떤 일이 끝났음'을 의미한다고 적고 있다. 이븐 알라(하나님의 아들)에 대한 설명에서는 아랍어 '이븐'은 아버지와 어머니가 육체적 관계를 통하여 낳은 아들이라는 단어대로의 의미 이외에 아랍인들이 '그 나라에서 태어난 사람'으로 그 나라나 지역을 잘 아는 사람을 '이븐 알발라드'(Ibn al-balad)라고 한다는 것도 언급해 주는 것이 필요하다.

따라서 세 번째 선교 방안은 무슬림의 개념과 우리의 개념에서 서로 다른 것이 있을 경우 그런 개념의 차이에 유의하여 복음을 전해야 한다는 것이다. 따라서 무슬림 사역자는 이슬람 용어와 성경 용어가 의미와 개념에서 서로 어떻게 차이가 나는지 해당 어휘의 통사적 의미와 수사적 의미, 법적 의미는 물론 이슬람 전문 용어사전과 성경 원어 연구를 통하여 고찰해 봐야 한다.

(4) 이성이 아닌 성령의 인도하심에 따른다

지금은 이슬람 문화가 병들어 있다. 지금은 아랍이 사상의 위기이다. 오늘날 아랍인의 이성을 제한하고 옭아매는 것으로서 그들은 문화적 금기 사항을 든다. 문화적 금기 사항은 종교, 정치, 성문제다. 그런데 무슬림들은 이슬람 문화가 건강해지려면 이성적 사고가 먼저 돌아와야 된다고 말한다. 이슬람에서 이성과 관련된 것은 신학, 법원리(우술 알피끄흐) 등인데 아쉽게도 많은 샤리아 학자들은 변증신학과 수피즘 사상에 대한 연구를 거절한다.

그래서 무슬림들에게 복음을 전할 때 무슬림들은 그것이 자신들의 논리에 맞지 않으면 우리가 전한 말을 수긍하지 않으려 한다. 논리적으로 그들이 이해가 안 되면 금방 거부하고 만다. 일반적으로 수피 무슬림은 이성은 잘못될 수 있다고 하여 알라는 마음으로만 알 수 있다고 하지만 수피가 아닌 순니 무슬림은 이성으로 알라를 알 수 있다고 한다.[21]

이집트에서 만난 무슬림들은 어떤 사람은 이성으로만 알라를 알 수 있다고 하고 어떤 사람은 마음으로만 알라를 알 수 있다고 하고 어떤 사

21　Ahmad Mohammed at-Tayyeb, *Essential Features of Islam*(Cairo: ACT, 2017), 136-137.

람은 마음과 이성으로 알라를 알 수 있다고 한다. 여기서 우리가 주목할 것은 무슬림이 '알라'를 영이라고 하지 않고 성령으로 거듭나는 것을 믿지 않기 때문에 영으로 하나님을 안다는 것은 무슬림들에게 새로운 개념이다.

무슬림들은 그리스도의 신성을 완전히 이해하지 못한 가운데 그리스도를 영접하는 경우가 많다. 일부 BMB는 삼위일체에 대하여 만족할만한 설명을 듣지 못하고 이슬람으로 돌아가 버린다. 기독교인들은 하나님과 친밀하고 인격적인 관계를 갖는데 이런 개념은 무슬림에게 생소한 것이다.

네 번째 선교 방안은 BMB에게 성령의 인도하심과 그리스도를 닮은 영성 형성이 이뤄져야 한다. 영성 형성의 바탕은 자아가 죽는 것(death to self)이다. 우리 자신이 우리의 삶의 중심이 되는 것을 거부하는 것이다.

(5) 영적 변화와 영적 공동체를 모색한다

이슬람에서는 이 땅에 인간의 세계와 진의 세계가 따로 있다고 말한다. 진(jinn)은 불로 창조되었고 감각으로 알 수 없다. 사탄은 진의 일종이다. 진이 보이지 않는 세계에 존재하므로 인간의 이성으로도 접근할 수 없다. 이슬람은 알라가 인간을 창조한 목적은 "내(알라)가 나(알라)만을 예배하도록 인간과 진(Jinn)을 창조했다"(꾸란 51:56)고 한다.

여기서 우리가 주목할 것은 이슬람의 알라는 인간 이외에 진을 창조했다는 점이다. 무슬림들이 볼 때 이 땅에는 인간이 아닌 진이 산다. 진은 인간의 눈에는 보이지 않는다. 꾸란의 72장이 진의 장이다. 인간에게 보이지 않는 세계에 살고 있다는 진은 인간처럼 태어나고 죽고 부활한다. 무슬림들에게는 이처럼 보이지 않는 세계에 진의 존재를 인정하면서 우리와 전혀 다른 세계관을 갖게 되었다.

이슬람에서 다아와(포교)는 인간과 진에게 알라를 전하고 이슬람 종교를 전하는 것이다. 알라를 전하는 것(알다아와 일라 알라)은 움마(공동체)가 개별적으로 또는 집단적으로 행해야 하는 의무이다. 무함마드의 메시지가 유대교인과 기독교인은 물론 모든 인간에게 전해지고 인간 세계뿐만 아니라 진의 세계까지도 전해져야 한다고 했다.

다른 종교와 다르게 이슬람은 진을 포교 대상으로 삼는다. 그리고 모든 인간에게는 그림자와 같은 동무(까리나)가 따라다닌다고 믿고 사람이 타의에 의해 죽어서 피를 흘리면 그 자리에는 남을 해치는 이프리트가 생긴다고 믿는다. 이처럼 무슬림들에게는 사탄 이외에 진, 아스야드(마귀들), 이프리트 등과 까리나 등이 있다. 또 부적, 요술, 액막이, 흑주술 등 마법과 미신을 믿는 무슬림들도 있다. 이런 것들이 무슬림들의 삶과 연결되어 있다는 점도 고려해야 한다.

그리스도를 구주로 믿고 회심한 무슬림에게는 그리스도의 몸된 교회에서 성령의 인도를 받아 사랑하고 섬기는 가운데 성령께 순종할 때 영적인 변화가 일어난다. 영적 변화는 기독교 공동체에 동참하고 그리스도를 따르려고 애쓰는 지역교회를 통하여 일어난다. 따라서 영적으로 건강한 기독교 공동체는 공동체를 중요시하는 BMB에게 매우 적절한 것이다.

영적 변화(transformation)는 십자가에 돌아가신 그리스도를 본받아 다른 사람과 사랑의 교제 안에서 성령과 함께 걸어갈 때 생긴다. 그는 기독교 공동체 안에서 함께 사랑하고 자기희생의 삶을 살아갈 때 변화한다. 그리스도의 형상으로 변화하기 위해서는 다른 사람과의 관계가 변화해야 한다. 하나님과 함께 하실 때만 우리의 영혼이 평안을 갖는다.[22]

성령이 중심이 된 공동체가 개종자에게 필요하다. 기독교인들은 그리스도의 몸인 교회라는 영적 공동체와 그가 살아가는 사회의 공동체가 있는데 BMB에게도 사회 공동체와 영적 공동체가 필요하다.

(6) 두 개의 정체성이 아닌 하나의 정체성을 갖는다

무슬림이 예수 그리스도를 구주로 영접하면 그는 이전의 정체성과 다른 새로운 정체성을 갖게 된다. 무슬림이 아닌 기독교인의 정체성이 새로 시작되면서 BMB는 이 두 가지 정체성에서 혼란을 겪는다. 물론 둘 중 하나의 정체성을 그가 빨리 받아들이면 좋은데 그 결정권은 BMB 자신에게 있다. 그는 하나님의 사랑을 체험하는 기회가 필요하다. 그래서 다섯 번째 선교 방안은 BMB에게 다른 BMB(무슬림 배경의 신자)들과 교제를 나눌 수 있는 공동체 또는 교제 그룹이 필요하다는 것이다.

아라비아 반도에서는 BMB가 기독교 사회나 교회로부터 분리된 BMB 가정교회나 가정 교제권을 형성하는 것이 더 낫다. 그러나 이런 방안에는 전제 조건이 있는데 그것은 BMB와 BCB 교회와의 관계는 두

---

[22] Dalas williard and Jan Johnson, *Tajdid al-Qalb, ikhtibarat Yawmiyyah*(Cairo: PTW), 201.

기관의 지도자들 간의 강한 우호적 관계를 통해 서로 깊이 연결되어 있어야 한다는 점이다. 이렇게 서로 연결되면 BMB를 성숙과 성장으로 이끄는 책과 미디어 자료, 디지털 자료와 교사 및 지도자 훈련 교재를 통해 그리스도 안에서 성숙과 성장으로 이끌 수 있다.[23]

BMB는 자기 정체성의 문제 그리고 가족과 공동체가 갖는 사회적 정체성의 문제를 안고 있다. 복음 전도자는 무슬림이 개종한 후에도 그가 가족과 공동체와 연결되는 것을 도와야 한다. 그가 복음을 받아들인 후 가족과 주변 사람들에게 복음을 전할 기회를 갖게 되기 때문이다.

복음을 전하는 사람들이 무슬림들은 가족과 신앙 공동체와의 결속이 강하다는 것을 놓치는 경우가 많다. 그래서 우리가 더 관심을 둘 것은 어떻게 BMB들이 그리스도의 공동체에 연결되게 하느냐 하는 문제이다. BMB는 영적 돌봄이 없거나 계속되는 친교(fellowship)가 없으면 자신의 옛 커뮤니티로 돌아갈 가능성이 높다. 그런데 그리스도의 공동체는 조직교회나 비공식 모임, 다른 BMB와의 만남 등이 있는데 한국 안에서는 이런 모임을 만들어 주기 쉬울 수 있으나 이슬람 국가에서는 이런 모임을 연결하기 쉽지 않다.

2017년 어느 BMB가 교회에 들어가 예배를 드렸는데 그의 신분증에 이슬람이라고 쓰인 것을 교인들이 보고나서 보안원에게 그 형제를 인계하였고 결국 그는 해당 이슬람 국가를 떠나게 되는 일이 있었다. BMB가 새로 거듭난 것으로 우리가 할 일을 다 한 것이 아니라 그가 두 개의

23　Don Little, "Developing a New Identity in Christ within Muslim Communities,"「아랍과 이슬람 세계」제1집(2014), 71.

정체성(옛 이슬람과 새 기독교) 사이에서 어떤 입장을 갖는지 관심을 가져야 한다. 이를 위해,

첫째, BMB에게 실질적으로 심리적으로 지혜롭게 상담해 줄 사람이 필요하다. BMB가 가족과 공동체에 남아있게 하고 가족의 반대에도 불구하고 인내를 가지고 대하도록 한다.

둘째, 어려움이 닥칠 경우 BMB는 가족을 떠나야 하는데 시간이 지난 후에는 가족과의 접촉을 다시 갖도록 한다.

셋째, 만일 한국에 있다면 BMB라고 하여 생명의 위협을 당할 일은 없으나 BMB들이 고국으로 돌아갈 경우가 생긴다면 그들의 신변에 위험이 닥치지 않도록 고려해야 한다.

이와 더불어 그가 고국(이슬람 국가)으로 돌아가서 그가 개종했다는 사실이 발각될 경우, BMB가 가족에게 거부를 당할 때 그가 어떤 고통을 받을지 그리고 가족을 떠날 수 밖에 없을 때 자신의 가족들을 얼마나 그리워할지를 BMB 리더들이 아는 것이 중요하다. 마지막으로 BMB가 그들에게 닥친 박해를 고통이 아닌 것으로 받아들이려면 그가 박해를 통하여 하나님이 무엇을 하시려는지 하나님의 안목(perspective)을 깨닫는 것이 중요하다.

(7) 갈등을 해결하고 '밖으로 나오기'를 하도록 돕는다

누구나 살다보면 갈등을 겪기 마련이다. 무슬림 사회에도 예외는 아니다. 그런데 이슬람 사회에는 갈등을 해결하는 '나쁜 세 가지 방식'이 있다.

첫째, 복수라는 문화가 있다.

둘째, 갈등을 회피하는 것이다.

셋째, 종교계 등 권력계층을 이용하려는 것이다.

많은 무슬림들은 수치 명예 문화에 산다. 그들이 옳고 그르냐는 그가 지역과 국가에서 어떤 사회적 지위에 있느냐와 관련되어 있다. 또 수치를 당했을 때 자신의 명예를 회복하려고 복수를 한다. 이슬람 사회에서는 복수는 단지 개인이 아닌 가문의 문제이므로 용서에 대한 그리스도의 메시지는 개인에 국한하지 말고 이슬람 공동체적 수준에서 전달되어야 한다. 그리스도를 믿는 사람들의 공동체에 처음 들어온 BMB는 그 순간을 매우 기뻐하지만 공동체에서 자주 갈등을 겪거나 환멸을 느낄 수 있다. 갈등을 파괴적인 방식이 아닌 건설적인 방식으로 해결하도록 돕는다.

일부 BMB들은 이슬람 정부가 너무나 두려워서 다른 사람에게 그리스도를 전하지 못하는 경우가 있지만 이런 두려움은 그들의 증거와 영적 성장에 도움이 안 된다. 경험 있는 BMB 리더들은 BMB가 새로운 신앙을 가지고 있음을 BMB 자신이 공개하는 것이 좋다고 한다.

그러나 BMB가 한국이 아닌 이슬람 국가에 산다면 가족들이 개종을 어떻게 생각하는지 그리고 그가 처한 상황에 따라 언제 그가 '밖으로 나올지'(come out) 그 시기는 BMB 자신이 결정하게 된다. 많은 BMB들은 그들이 신뢰할만한 몇 사람에게 자신의 신앙을 공개하고 다른 사람들 앞에서는 자신의 신앙을 공개하지 않는다. 신앙을 밝히는 것은 외부의 강요가 아닌 점진적으로 BMB가 알아서 할 일이다. 그런데 가끔은

BMB들이 그들의 신앙을 가족이 갑자기 알게 되었을 때 그가 어떻게 대답할지 준비하고 있어야 한다. 이 때 BMB에게는 자신의 신앙을 증거하는 것이 아주 중요한 문제이다. 따라서 이를 위해 기도와 지혜가 그들에게 필요하다.

세례에 대한 부분도 BMB에게는 매우 중요하다. 무슬림 가족과 공동체는 세례를 배신의 행위로 받아들이기 때문이다. 세례 받은 자는 옛 가족을 버리고 가족에게 불명예를 가져준다고 생각한다. 이런 경우 가족과 공동체가 분노하고 일부 국가에서는 BMB를 살해해 버린다.

따라서 BMB에 대한 세례는 단순히 영적인 문제만이 아니라 사회적 문제가 결부되어 있다는 것을 유념해야 한다. 세례를 언제 주는 것이 적절한가는 하나님이 그들에게 보여주시므로 세례를 서둘러서는 안 된다. 세례 받는 장소에 누구를 초대할지를 BMB와 의논하는 것이 중요하다.

요르단에서는 BMB들을 요르단 강에서 세례를 주다가 경찰에게 적발되어 그뒤 추방을 당한 일이 있었다. 그러나 한국 안에서 세례를 주는 경우에도 교회적으로 할지, BMB의 절친한 친구들만으로 할지, 무슬림 가족들을 초대할지 등등 사전에 의논할 필요가 있다. 그리고 세례 받는 장면을 사진으로 남기는 것과 페이스북에 올리는 것은 유의해야 한다.

특히 BMB가 물 아래로 내려가는 장면을 동영상으로 찍거나 남자 교역자가 여성 BMB에 세례를 주는 장면을 유포하는 것은 삼간다. 여성 BMB가 얇은 옷을 입었거나 짝 달라붙는 옷을 입었을 경우에 찍힌 사진이 큰 문제를 야기한다. 세례 증명서도 이슬람 국가에서는 위험하다.

위와 같은 BMB의 특성상 기존 교회와 연계되어 BMB를 양육하는 것이 좋은 이유는 교회가 갖는 여러 자료와 인적 물적 자원을 활용할 수 있고 이런 무슬림 제자 양육을 이끌어갈 준비된 목회자를 동원할 수 있기 때문이다. 물론 이들 목회자들을 위한 훈련이 필요하다. 국내 외국인 예배를 예로 들면 베트남 예배라고 하면 베트남 사람들이 교회에 모이고 교회에서는 부목사나 전도사가 설교를 하고 베트남 통역사의 통역으로 예배를 드린다. 예배 후에는 베트남 사람들에게 선물을 주거나 식사를 하고 또는 한글 교육이나 미용 봉사들을 하는 것이 주된 프로그램이었다.

그러나 이런 방식은 무슬림 양육 과정에서 고려해 보아야 한다. 국내에 체류하고 있는 무슬림들에게 복음을 전하기를 원한다면 복음을 그들의 문화 속에서 전하고 제자 양육했던 경험이 있는 한국인 선교사들이 국내 무슬림 선교에 도움을 줄 수 있을 것이다. 아무리 국내에서 전도를 잘한다고 해도 이들 무슬림들의 언어와 문화를 모르면 정확한 복음 제시와 제자 양육이 어렵기 때문이다.

한편 한국 이주 무슬림들은 종교 및 문화적 갈등, 자녀 교육 문제 때문에 무슬림 부모들이 자녀들을 교회에 보내는 것을 거부하는 경우가 있었다. 따라서 이주 무슬림이나 외국인 근로자들이 많이 사는 지역에 있는 교회에서는 교회 밖에서 이주민을 위한 보육 시설, 청소년을 위한 방과 후 교실, 그리고 학교 입학을 거부당하는 이주 무슬림 자녀들을 위한 대안학교들이 필요할 수 있을 것이다.

(8) 복음 전도자와 그리스도의 제자로 세운다

그동안 한국교회는 이주민들의 복지와 인권에 많은 신경을 써 왔다.

그러나 교회의 관심이 복지와 인권에만 머물러 있으면 안 된다. 아라비아 반도에서는 BMB가 그룹을 이루어 함께 모이는 것은 어렵다. 그러나 국내에서는 방글라데시, 인도네시아 등의 이주민들이 그룹을 이루는 것이 가능하고 실제로 그런 모임을 갖는 곳도 있다. 그런데 문제는 이런 그룹들이 성숙한 리더하에 제자양육을 받기가 어렵다는 것이다. BMB가 복음을 전해 받는 단계를 뛰어 넘어 복음 전도자요 그리스도의 제자로 바로 서게 도와야 한다.

소그룹을 통한 가정교회가 이슬람 국가에서 더 적절하므로 이런 소그룹을 국내에서 BMB가 체험해 보는 것도 장차 그들이 고국으로 돌아가 가정교회 모임을 이끄는 데 큰 도움이 된다. 그러므로 BMB가 고국에 돌아가 복음을 전할 수 있는 전도자로 성장하려면 국내에서 잘 훈련받아야 한다. 각 나라의 언어별로 체계적인 양육 교재가 단계별로 제작되어서 신앙 성장과 영적 성숙이 이뤄질 수 있도록 해야 한다. BMB를 위한 공동체적 제자 훈련에는 다음과 같은 사항이 고려된다.

① 성령이 인도하는 예배 공동체에 속하기
② 성숙한 신자에게 멘토를 받기
③ 개인별 및 집단별 성경 공부하기
④ 복음 나누기: BMB는 하나님 말씀을 순종하여 그의 세계관과 인격이 변한다.
⑤ 영적 은사를 사용하기

BMB에게 하나님이 우리 각자에게 은사를 주셨고 사람마다 은사가 다르니 서로 섬겨야 한다고 가르쳐야 한다. 그리고 자신의 은사는 공동체 안에서 겸손하게 사용해야 한다는 것도 알려준다. 여섯 번째 선교 방안은 BMB가 다른 사람을 전도할 수 있도록 양육되고 자신의 은사를 겸손히 교회 공동체를 위하여 사용할 수 있게 하는 것이다. 무슬림들에게는 겉으로 드러나는 행위가 매우 중요하다. 그래서 무슬림들은 무함마드[24]의 삶을 닮고자 남자는 수염을 기르고 여성은 무함마드의 부인이 썼다는 니깝(얼굴 전체를 천으로 가리는 것)을 쓰고자 한다.

BMB는 예수를 믿고 나서는 기존의 기독교인의 삶을 유심히 살핀다. 따라서 우리의 삶의 모습을 통해 그들에게 본이 되는 것이 매우 중요하다. BMB는 우리가 어떻게 스트레스를 해결하고 삶의 문제들을 어떻게 해결하는지 그리고 다른 사람에게 어떻게 용서를 해 주는지를 BMB가 관찰한다. 제자 양육이란 "책"이 아니라 "전도자"를 통해 그리스도의 인격과 삶을 배우는 것이다.

그러므로 BMB에게 제자 양육하는 리더는 아래 네 가지가 필요하다.

① 비전: 배가와 성장에 대한 비전

② 부르심: 무슬림 사역에 대한 부르심

③ 기도생활: 기도와 금식

④ 훈련: 실제 BMB 사역의 경험을 갖고 새로운 BMB 그룹을 인도할

---

24 시아 무슬림과 수피 무슬림은 누르 무함마디(무함마드의 빛)라고 말한다. 시아파에서는 무함마드가 안내자 역할을 하기 때문이라고 하고 수피 무슬림들은 무함마드가 현현한 첫 권위라고 하기 때문이다.

방법을 안다.

대부분 학습자는 성인이므로 그들이 인생 경험이 풍부하여 토론 시간에는 리더가 그들의 의견과 경험을 묻는 방식이 좋다. 매주 한 번 이상 만남 이외에도 사적으로 만나서 같이 식사하거나 대화하는 시간을 갖는다.

(9) 성경 해석의 원리와 탈서구 신학, 탈한국 신학이 무엇인지 안다

오선택(키르기스스탄)은 그의 논문(2017)에서 "무슬림들에게 어떻게 효과적으로 복음을 전할 것인가?"라는 인터뷰 질문에서 5명이 이슬람이나 꾸란에 대해 비판하지 말고, 오히려 성경과 꾸란의 내용 중에 일치하는 부분으로 시작해서 성경의 진리를 설명해 주는 것이 좋다고 응답했다. 3명은 복음을 전하기 전에 좋은 관계를 맺고 그들을 섬겨서 친구가 되는 것이 중요하다고 했다. 3명은 전도할 때 그가 예수를 믿고 변화된 삶을 간증으로 사용하는 것이 좋다고 했다.

지금까지 이슬람권 선교사들이 무슬림 상황 속에 들어갈 때 그들에게 이렇다할 선교신학이 없었다. 그 중의 하나는 이슬람권으로 파송된 선교사들이 신학은 공부했으나 무슬림 선교신학을 배운 적이 없고 성경을 주해하는 실력은 강하나 무슬림 상황 속에 어떻게 성경이 이해되는 지에 대한 관심은 크게 뒤떨어져 있었다. 따라서 우리에게 가장 시급한 것은 국내 교회와 신학교, 선교 단체가 무슬림 전도를 바르게 할 수 있도록 신학자들 간의 연합된 연구와 무슬림 전도학, 무슬림에 대한 선교신학이 정립되어야 한다.

무슬림 배경의 사람들에게 적합하게 복음적으로 효과적인 자료가 우리에게 있는지를 확인해 봐야 한다. 가령 예수님의 부활, 신성, 성육신에 대하여 잘 설명한 책들이 필요하다. 가능하면 추상적인 논리는 피하고 비유, 스토리, 예화를 사용한 책이어야 한다. 내러티브의 중요성을 인식하는 것이다. 스토리는 마음에 더 많은 감동을 준다. 성경의 어휘나 개념들의 성경적 사용법에 주의를 한다. 무슬림을 위한 선교는 성경에 부합되어야 하고 성령의 인도하심에 따른다.

이와 더불어서 우리는 탈서구 신학에 대한 관심을 가져야 하겠다. 제자 훈련은 서구의 기독교인을 만드는 게 아니다. 서구의 신학으로 인하여 무슬림에게 복음을 전할 때 문제가 되는 부분이 있는지 살핀다.

서구 신학이 서구를 위한 적절한 신학이라는 것을 인정하나 비서구적 상황에는 서구 신학이 절대적이고 보편적으로 적용될 진리가 아닐 수 있다. 예를 들면 무슬림들이 거부감을 갖는 이삭과 이스마엘의 문제, 이스라엘의 문제 등은 성경 본래가 갖는 의미와 해석이 필요하다. 따라서 무슬림을 대상으로 선교하는 사람은 반드시 성경해석학을 통달하고 있어야 한다. 한국교회 안에서 성경을 해석한 것이 때로는 성경 본문이 본래 의도하는 뜻과 다른 경우가 있기 때문이다.

(10) BMB에게 적절한 커리큘럼을 만든다

무슬림 사역을 하는 리더들에게 필요한 가이드라인은 무슬림을 위한 선교신학이 정립이 된 후에 BMB를 다음과 같은 내용으로 양육하고 무슬림의 용어와 개념, 문화적인 이슈들을 익힌다.[25] 그러나 다음 커리큘럼은 유일한 방식이 아니고 만나는 무슬림에게 맞게 커리큘럼을 조정한다.

① 그리스도를 따르는 자가 되기
② 그리스도 안에서 새로운 삶
③ 성부 하나님
④ 성령의 능력으로 그리스도께 순종하기
⑤ 하나님과 대화하기(기도)
⑥ 하나님 말씀, 성경
⑦ 그리스도의 교회 안의 지체
⑧ 두 커뮤니티(이슬람 커뮤니티와 기독교 커뮤니티)
⑨ 박해의 원인과 박해에 대한 반응
⑩ 남편과 아내(박해 이후 또는 성경에 따른 부부)
⑪ 갈등 해결하는 법
⑫ 복음 증거하기
⑬ 세례
⑭ 하나님 중심의 삶(꾸란 개경장의 '곧은 길'과 성경의 '좁은 길')
⑮ 사랑의 법
⑯ 금식과 나눔
⑰ 운명론과 마법(해당 무슬림이 갖는 이슬람의 특징적인 내용)

---

25 Tim Green의 *Come Follow Me*(2014)를 참조.

⑱ 서로 섬김

⑲ 하나님 나라와 영적 순례

위의 주제들은 무슬림이 개종하고 나서 겪게 되는 주제들을 중심으로 위와 같은 제목들을 선별한 것이다. 가능하다면 불필요한 박해는 BMB가 지혜롭게 피하도록 도와야 한다. BMB는 기존 가정과 가족과 문화를 떠나면 외로움과 자신의 정체성을 잃었다는 박탈감을 갖는다. 더구나 가족들에게 직접적인 박해를 당하는 것과 수치 문화는 BMB들을 힘들게 한다. 이들은 기독교 신앙으로 아직 완전한 성장이 덜 된 상태에서 그들이 항상 함께한 공동체를 잃어버린 것이다. 중동은 공동체 정체성이 서구보다 강하므로 서구식 개인적 제자 훈련 방식은 조정되어야 한다. 따라서 BMB가 함께 할 공동체가 필요한데 그의 영성 형성과 정체성 형성은 매우 중요한 주제이다.

(11) 한국의 이주민 상황에 맞는 전도와 제자 양육을 개발한다

한국의 교회들이 대체로 이슬람 국가에서 온 무슬림들을 센터로 불러 모아 먼저 그들 나라의 언어로 찬양하고 기도한 후 예배를 드린다. 예배는 한국인 목회자가 한국어로 설교하면 해당 국가의 언어와 한국어를 아는 현지인이 통역을 해 준다. 하지만 과거 무슬림이었던 사람들을 참된 그리스도인으로 세우기 위해서는 국내 무슬림 이주자들에게 개별 성경 공부와 그리스도를 따르는 삶 등 체계적인 훈련과정이 필요하다고 본다. 국내 이주 무슬림을 양육할 때 무슬림이 성경과 기독교를 어떻게 이해하는지 알아야 한다. 그 예로 무슬림들은 성경에 무함마드에 대한 예언이 나온다고 주장한다.

> 그때 이싸 븐 마르얌이 말했다. '이스라엘 자손들아! 나는 너희들에게 보냄을 받은 라술(사자)이고 내 이전에 온 타우라를 확증하고 내 다음에 오는 라술, 그의 이름은 아흐마드가 온다는 기쁜 소식을 전한다
> (꾸란 61:6).

무슬림들은 이 구절에 나오는 '아흐마드'를 무함마드와 동일시한다. 무함마드와 아흐마드는 어근(H,m,d)이 공통적으로 포함되어 있으나 다른 이름인데 무슬림은 아흐마드와 무함마드가 같은 인물이라고 한 것이다.

이런 내용을 믿고 있는 무슬림의 해석법이 문제가 있다는 것을 무슬림들에게 알려줄 필요가 있다. 그리스도 신앙을 고백할 수 있게 BMB에게 매우 친밀하고 관심 어린 가족과 커뮤니티(교제 그룹)를 만들어 주도록 힘쓴다. 한국에서 사용하는 기존의 제자 훈련 교재는 해당 이주민 무슬림 개종자의 상황에 맞게 재조정되어야 한다. 요르단은 BMB 교제 그룹이 가정교회나 가정 친교를 우선하지만 프랑스의 BMB는 기존 교회와 통합되어야 한다는 사람들과 BMB 자신들의 독립된 모임을 만들어야 한다는 사람들로 나뉜다.

그렇다면 한국에서는 어느 방식이 적절한가?

BMB에 대한 제자 양육 과정에서 주된 도전은 기독교적인 삶의 영적 부문이다. BMB는 영적 성숙은 공동체 안의 다른 성도와 교제를 통하

여, 성숙한 제자 훈련자의 개별적인 멘토를 통하여 그리고 BMB 자신의 기도와 성경 말씀을 통하여 영적 성숙이 지속되어야 한다. BMB 리더는 BMB가 하나님과 인격적인 친밀감을 갖도록 도와야 한다. 따라서 BMB를 위하여 성령이 중심이 된 공동체(spirit-honoring community)가 필요하다. BMB에게 그리스도를 구주로 믿고 성령에 의한 내적 변화가 일어나야 하기 때문이다. 그리고 BMB는 자기 정체성의 문제와 가족과 공동체가 갖는 사회적 정체성의 문제를 안고 있기에, 가능하면 가족과 공동체와의 연결이 유지되게 하는 것이 중요하다. 또한 BMB가 가족에게 자신의 개종 사실을 고백할 때 공격적이지 않고 쇼크를 최소화하게 하는 어투로 말하는 법을 배우는 것이 좋다.

요약하면 무슬림에 대한 전도와 제자 양육 과정은 다음과 같은 내용으로 정리할 수 있다.

① 무슬림을 진정으로 사랑하라.
② BMB 개척 팀에 참여하라.
③ 무슬림의 필요에 맞게 복음을 나누는 방법을 개발하라. 특정 커리큘럼이 아닌 BMB 질문과 필요에 따라 제자 양육 교재를 마련하라.
④ BMB 그룹에 소개하기 전에 일대일로 BMB를 제자 양육하라.
⑤ BMB 훈련자는 BMB 그룹을 인도할 리더를 훈련시키고 BMB 그룹이 배가하면 이 그룹을 더 작게 나누라.
⑥ BMB는 성숙한 제자에 의하여 멘토를 받으며 그리스도께 헌신하는 제자가 된다.

⑦ BMB는 하나님 말씀을 배우고 순종하여 그의 세계관과 인격이 변화한다.

⑧ BMB는 다른 사람에게 자신의 신앙을 나누는 전도자로 살아간다.

더 읽을거리(BMB 전도법)

꾸란의 이싸와 성경의 예수는 서로 다르다. 이싸는 창조되었고 예수는 영원하다. 그렇다면 무슬림에게 어떻게 복음을 나눌 수 있는가?

(1) 무슬림을 만나라.

(2) 그들과 관계를 가지라(겸손하게 배우는 자세를 가지라).

(3) 관계를 세워가는 질문을 하라.

(4) 그들이 답을 찾는 질문을 찾아라. 그들의 핫 이슈는 죄 문제다. 우리 각자가 하나님께 기도하면서 그 무슬림이 필요로 하는 것이 뭔지를 구하라.

(5) 무슬림 남자들은 무함마드- 알라- 꾸란 이 셋이 사이클로 엮여져 있다. 그들의 논리에는 이 세 단어가 연결되어 있다. 그러므로 이 사이클 밖으로 그들의 생각을 연장해 보라.

(6) 너의 소망이 뭐냐고 물어보라

① 무함마드는 죄인이다. 무함마드처럼 되기를 원한다면 너는 죄인이 되기를 원하는 것이냐고 묻는다.

② 무엇이 진리인가를 묻는다.

③ 잔나에 알라가 있는가를 묻는다.

④ 예수를 나누고 하나님과 인격적인 관계에 대하여 묻는다.

4. 1-3장 요점: 관점과 태도와 접근법

1) 이슬람에 대한 명확한 이해

국내 교회에서 활약하는 "이슬람" 강사들의 이슬람에 대한 이해는 아래와 같이 하나의 스펙트럼에서 여러 성향을 갖는다. 복음의 기준에서 벗어나고, 균형을 상실한 편향적인 이슬람 이해는 이슬람에 대한 모자란 이해와 잘못된 이해 그리고 불확실한 해석 때문이다. 이슬람을 근본주의 이슬람이라고 가정하게 되면 이슬람에 대한 배타적인 성향을 갖게 되고 이슬람 내부에 존재하는 자유주의적 시각만을 강조하면 이슬람과 기독교의 뿌리가 같다고 주장한다.

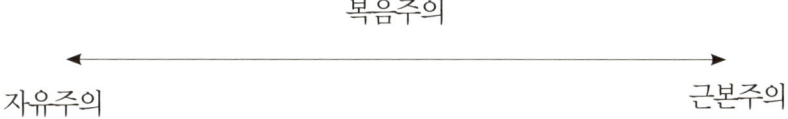

2) 이슬람에 대한 적절한 태도

한국 내 교인들 중에는 이슬람을 테러의 종교로 여기는데 무슬림들은 무조건 이슬람을 평화의 종교라고 한다. 그런데 이슬람과 기독교 간의 공통점을 찾았던 서구 선교사들은 이슬람 속에 기독교와 유사한 점이 있다는 것을 기쁘게 생각한다고 했다. 그래서 차이점보다는 공통점을 찾았던 그들은 "너무 멀리 가버린 (going too far) 상황화"를 추구하자 일부는 혼합주의에 빠지는 위험을 갖게 되었다.

한국의 일부 기독교 저서들은 서구의 이런 성향의 책들을 한국어로 번역하면서 이슬람 고유의 특성을 잘 드러내지 못하게 되었고 이로써 이슬람에 대한 이해에 많은 혼란을 가져다주었다. 그런데 무슬림에 대한 혐오의 벽을 넘어서자고 주장하는 사람들은 이슬람과 기독교가 여러 면에서 공통점이 있다고 한다. 이런 문제들을 해결하는 방법은 두 종교 간의 공통점을 찾기보다는 성경과 꾸란 간의 유사한 부분과 차이가 나는 부분을 고찰하고 유사한 부분은 전도에 활용하되 특히 차이가 나는 부분은 무슬림 양육 과정에서 어떻게 다른 지를 확인해 주는 것이 중요하다.

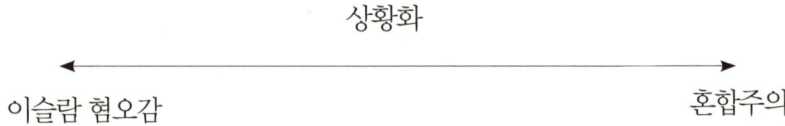

3) 무슬림 커뮤니티 안에서 그리스도를 따르기

이슬람과 기독교가 같은 하나님을 믿고 아브라함이 세 종교의 같은 조상이라고 주장하는 사람들은 이슬람에 전도하는 것을 거부한다. 모든 길이 로마로 통한다고 생각하는 사람들은 이슬람에도 구원이 있다고 말한다. 그런데 이슬람 국가에 존재하는 대부분의 기독교 특히 가톨릭교회와 정교회와 일부 성공회는 이슬람과의 계약을 한 것을 상기시키면서 절대로 기독교인들이 무슬림에게 전도하지 말라고 한다.

그리스도의 제자가 된다는 것은 그리스도를 따르고 그리스도를 깊이 사랑하는 것이다. 한국의 무슬림들은 꾸란과 구약이 동일한 한 분의 하나님이라고 하고 서로의 경전이 공통으로 제시하는 동일한 인물들이 있다고 주장한다. 그리고 일부 기독교인들도 이슬람과 기독교가 동일한 하나님을 믿는다고 말하고 꾸란과 성경의 사건과 주제는 동일한 사건과 주제들이라고 오해한다. 이런 문제들을 해결하려면 꾸란과 성경에서 동일 어휘가 어떤 의미로 사용되는지 알아야 한다. 사실 무슬림들마다 텍스트에서 낱말 그대로(살라피 무슬림), 또는 숨은 의미(시아 무슬림)를, 또는 숨은 지시의 의미(수피 무슬림)를 찾기 때문에 서로 다른 해석을 하고 있다.

꾸란과 성경에 나오는 어느 이야기가 형식에서 유사하다고 하여 반드시 주제와 윤리와 신학적 함의에서 동일하다고 할 수 없다.[26] 두 텍스트에서 스토리텔링의 구조와 형식과 스타일에서는 많은 차이가 있고 각 텍스트마다 다른 주제와 서로 다른 강조점 그리고 신학적인 함의가 다르다.[27]

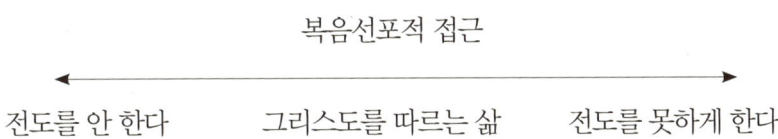

복음선포적 접근

전도를 안 한다　　　그리스도를 따르는 삶　　　전도를 못하게 한다

이상과 같이 이슬람에 대한 이해와 태도에 따라 무슬림에 대한 접근법이 달라지므로 결국 사역에 대한 열매는 우리의 이슬람에 대한 명확한 관점이 매우 중요하다는 것을 알 수 있었다.

26　공일주, 『아랍의 종교』, 360.

27　Ibid., 122.

한국 이주 무슬림의 현황과 특징

너희 마음에 그리스도를 주로 삼아 거룩하게 하고 너희 속에 있는 소망에 관한 이유를 묻는 자에게는 대답할 것을 항상 예비하되 온유와 두려움으로 하고(벧전 3:15).

학습을 위한 목표와 주요 내용

1. 동남아시아, 남아시아, 중앙아시아의 나라별 이슬람의 특징을 아는가?
2. 한국 이주 무슬림들이 어느 지역에 사는지 아는가?
3. 한국 이주 무슬림들의 이슬람 성향이 어떠한지 아는가?
4. 국내에서 살고 있는 무슬림을 위한 효과적인 전도방식이 무엇인가?
5. BMB들이 재정적 필요를 한국인 BMB 리더에게 의존하지 않고 하나님께 의존하게 하는 방안은 무엇인가?

학습 관련 주제

그리스도인 정체성으로 발전되는 과정과 그리스도를 따르는 커뮤니티 안에서 영적 형성이 이뤄지도록 돕는다.

1. 여는 글

매주 금요일 날 점심 때 이태원 이슬람 모스크로 가는 길에는 동남아시아 무슬림이 모스크로 기도하러 가는 것을 볼 수 있었다. 한국 이주 무슬림의 특징들 중 하나는 이주민들이 반드시 이슬람 사원이나 기도처나 센터를 중심으로 사회적 연결망을 갖는다는 점이다.

무슬림들은 만나면 종종 이런 말을 한다. 무슬림들 중에는 "좋은" 무슬림도 있고 "나쁜" 무슬림도 있다고 말한다. 요르단이 친미일지라도 여전히 이슬람주의자 무슬림들이 있고 폭력을 행사하는 무슬림들도 있다. 사우디아라비아가 친미일지라도 여전히 살라피 무슬림들이 많다.

중앙아시아는 70년 동안 소련의 지배하에서 모스크와 신학교가 사라진 세속적인 국가였다. 그런데 오늘날 중앙아시아는 그때와 많이 달라지고 있다. 지금 우즈베키스탄과 타지키스탄(아프가니스탄 북쪽과 접경)의 일부 무슬림은 살라피들이 늘어나고 있다. 그들이 사우디아라비아에서 훈련을 받기 때문이다. 타지키스탄에서는 수피즘이 활기가 없고 살라피 운동이 확산되고 있지만 반면에 카자흐스탄 서부에는 수피즘이 늘고 있다. 대부분의 무슬림들은 사회적 질서를 유지하기 위하여 샤리아(율법)를 전면에 내세웠지만 수피들은 이런 샤리아의 법적 지식은 알라를 아는 지식의 1/3밖에 포함하지 못하고 2/3는 알라에 대한 직접적인 체험에서 온다고 주장한다.

이슬람의 신학자 알가잘리(1111년 사망)는 이슬람의 자히르와 바띤의 흐름들을 합성하였다. 13세기 때 수피즘은 무슬림들의 문화생활의 중요한 부분으로 자리를 잡았고 동남아시아와 중앙아시아에 처음 이슬람을 전파한 사람들 중에는 수피들이 있었다. 이들 지역에서 이슬람 문화는 다문화적으로 변모하였다. 그렇다면 여기서 수피즘을 알아보자.

문) 수피즘(타싸우우프)은 법학파인가?
답) 아니다. 수피즘은 샤피이나 말리키처럼 법학파가 아니고 카와리즈나 시아파처럼 정파(정치)도 아니고 알무으타질라처럼 철학파도 아니다. 수피즘은 마드합 루히이다.

문) 마드합 루히는 무슨 말인가?
답) 마드합은 종교적 신조, 일단의 견해와 학문적 철학적 이론들(아쉬아리파), 학설, 교파, 종파 등을 가리킨다. 무슬림들은 세상을 둘로 나누는데 하나는 물질(몸)의 세계이고 다른 하나는 비물질(정신)의 세계다. 비물질의 세계를 "루히"라고 한다. 수피들은 정신의 세계가 본질(하끼까)의 세계라고 한다. 그래서 그들은 알라를 예배하기 위하여 사람들로부터 멀리 떠나고 그들의 루흐가 강해지도록 그리고 알라의 지식이 그들에게 실현되도록 육욕을 멀리한다. 이들은 적은 양의 음식을 먹고 Wool(쑤프)로 된 옷을 입었었다. 그래서 그들을 쑤피야라고 부른다.

문) 수피들은 무함마드 시대에 있었는가?
답) 그렇지 않았다. 무함마드의 일부 동료들이 알라를 예배하기 위하여 사람들로부터 멀리 떨어지는 것을 좋아하는 사람들이 있었다. 무함마드도 알라가 와히를 그에게 내려 주기 전에는 알라를 예배하려고 사람들에게서 멀리하는 것을 좋아했다.

문) 수피즘은 언제 등장했는가?
답) 이슬람력 2세기(8세기)경이다.

문) 수피즘이 왜 등장했는가?
답) 무슬림들이 아라비아 반도를 넘어 다른 나라로 영토가 확장되면서 다른 민족이 어떻게 살아가는지를 알게 되었고 이에 많은 무슬림들은 알라의 길에서 멀어져갔다고 한다. 그들은 돈과 세상의 쾌락을 좇아갔다. 이런 현상이 카이로, 바그다드, 다마스쿠스, 코르도바에서 벌어지고 있었다. 이 때 등장한 수피즘은 청빈한 생활을 촉구하고 루흐의 행복을 추구하라고 했다.

문) 이슬람 법학자들과 수피들은 생각이 같았는가?
답) 수피들은 이슬람 법학자들이 이슬람 종교를 잘 이해하지 못하고 종교를 외형적으로 알았다고 주장한다. 이슬람 법학자들은 샤리아만 알뿐 루흐(사물 뒤에 있는 본질적인 의도나 의미)의 종교는 몰랐다고 한다. 수피들은 기도, 자카, 금식, 메카 순례 등의 종교 의식에는 육안으로 보이지 않는 의미들이 있다고 보았다. 그래서 이런 것을 본질(하끼까)이라고 했다. 그리고 이슬람 법학자들이 알고 있는 의미들을 "샤리아"라고 불렀다. 수피들에게 샤리아는 몸이고 수피즘은 루흐(사물 뒤에 있는 본질적인 의도나 의미)와 같다고 했다.

문) 이슬람 법학자들이 이런 설명을 받아들였는가?

답) 많은 이슬람 법학자들은 이슬람의 샤리아가 수피즘을 요구하지 않았다고 주장했다. 그들은 수피즘은 루흐바니야(쾌락을 그만두고 금욕하고 가족을 떠나 예배하는 일로 시간을 보내는 것)라고 말했고 무함마드는 루흐바니야를 싫어했다고 말했다. 하디스에는 "이슬람에는 루흐바니야가 없다"고 한다. 어떤 사람들은 수피즘이 기독교와 유대교와 조로아스터교와 힌두교로부터 이슬람에 들어왔다고 주장한다.

문) 이 말이 사실인가?

답) 많은 이슬람 학자들은 수피즘은 이슬람에서 왔다고 한다. 수피즘의 근거들은 꾸란과 하디스에서 왔다고 한 것이다.

문) 수피즘의 근거들은 무엇인가?

답) 오직 한 분 신이 있는데 그가 알라이다. 오직 한 권의 책이 있는데 그게 꾸란이다. 한 가지 본질(하끼까)만이 있는데 수피 수행방식(따리까)은 루흐(혼)와 몸의 훈련으로 알라를 아는 길에서 택한 특정 방식이고 마음을 정화하고 신의 지식에 이르는 루흐의 능력을 획득하고 마음을 정화하는 훈련을 목적으로 한다.

문) 수피즘이란?

답) 수피들은 사람들에게서 멀리하고 홀로 묵상하면서 가난하게 살고 그들이 본질(하끼까) 즉 진리(알라)에 이를 수 있도록 자신들의 루흐(혼)들을 강하게 하려 한다. 그래서 그들만이 갖는 수행법이 따로 있고 특별한 구절들이 있는데 일부는 일반 사람들이 아는 말이고 일부는 아무도 모르는 비밀스런 말이다.

문) 그것을 뭐라고 하는가?
답) 수행방식(따리까)이라고 하고 그 뜻은 루흐(혼)를 훈련하기 위한 일련의 의식을 가리킨다.
그리고 그들이 만나는 사람들에게 하끼까(본질)에 도달하는 길로 가라고 외친다.

문) 훌룰과 잇티하드가 무슨 차이가 있는가?
답) 수피즘에서 잇티하드는 인간이 알라에게로 가는 것이고 훌룰은 알라가 인간에게 도달하고 하나의 하끼까(본질)가 되기 위하여 인성과 신성이 섞인다.

이제 동남아시아와 중앙아시아 그리고 남아시아 이슬람의 주요 특징을 살펴보자.

1) 동남아시아의 이슬람

동남아시아는 무슬림 무역업자로 인하여 13세기에 도서부에 이슬람 왕국이 생겨났다. 대부분은 샤피이파 순니 무슬림들이었다. 일부 지역에는 시아파와 수피들이 있었고 무슬림들은 지역적인 요소를 흡수했다.

말레이어는 자위 아랍어 문자로 기록되었고 마드라사(이슬람 학교)에서는 꾸란과 이슬람법을 배웠다. 마드라사 이외에 수피 종단 학교가 이슬람을 전하는 역할을 했다.

동남아시아 이슬람은 교리적으로 획일적이지 않다. 동남아시아 이슬람은 몇 가지 부류로 나뉘는데 하나는 샤피이파를 따르고 자바 전통에 개방적인 전통주의자이고 보수적인 성향을 지닌 나흐다툴 울라마다.[1] 다른 하나는 인도네시아에서 비이슬람적인 요소를 제거하는 무함마디야다. 그리고 1980년대 이후 이슬람 부흥 운동이 있었고 다아와(이슬람 포교) 운동이 활발했다. 급진적인 '범 말레이시아 이슬람' 정당도 주목할 만하다. 20세기에 들어와서는 동남아시아 일부 무슬림들은 이집트의 알아즈하르에서 이슬람을 공부하기 시작했다. 말레이시아는 전 국민의 52%가 무슬림이다.

2) 중앙아시아의 이슬람

7-8세기 이후 이슬람이 중앙아시아에 전파되었는데 아랍 이슬람이 아닌 투르크적 이슬람 문화였다.[2] 아랍어가 아닌 투르크어로 전해졌다. 이런 이슬람 문화는 10세기 사만조 궁정에서 발달하였다. 언어적 특징을 살펴보면 아랍어 어휘를 포함한 새로운 페르시아어를 근세 페르시아어라고 하는데 사만조는 근세 페르시아어로 기록되었다. 10-11세기 시작된 근세 페

---

1 매리 하이듀즈, 『동남아의 역사와 문화』, 박장식, 김동엽 역(서울: 솔과학, 2012),183.
2 마노에이지 외, 『교양인을 위한 중앙아시아사』, 현승수 역(서울: 책과함께, 2009), 244.

르시아어는 이란과 아프가니스탄과 타지키스탄에 사용되었다.[3]

투르크 이슬람 문화는 아랍 문자를 사용하였고 카라한 조의 투르크어를 중기 투르크어라고 한다. 나중에 오스만 투르크어로 발달되어 이란 이슬람과 아랍 문화와 어깨를 나란히 했다.[4] 그러나 오스만 조나 티무르 조는 언제나 이란 이슬람 문화의 영향을 받았다. 티무르 시대에 발달한 차가타이 투르크어 역시 근세 페르시아어의 영향을 받았다. 차가타이 투르크어는 투르크어와 페르시아어의 혼합 언어다. 티무르 조 문화를 오늘의 우즈베키스탄 사람들은 자랑스럽게 생각한다. 중앙아시아는 투르크화와 이슬람화를 경험했다. 그 후 14-15세기 티무르 제국의 출현으로 중앙아시아는 투르크 이슬람 시대의 최고 전성기를 가졌다.[5]

근대에 이르러 중앙아시아는 18-19세기 때 러시아와 청의 지배하에 들어가 독립을 상실했다. 그리고 20세기에는 소련과 중국이 그 땅을 이어받아서 결국 중앙아시아는 소련과 중국의 일부가 되었다. 이 때 중국 땅으로 편입된 곳이 신강의 위구르이다. 이후 소련의 영향으로 중앙아시아에는 사회주의가 들어왔다. 1990년대 소련이 붕괴되어 중앙아시아는 다시 독립을 찾았고 독립 후 이슬람은 중앙아시아에서 부흥의 기회를 잡았다. 카자흐스탄은 전 국민의 47%가 무슬림이고 키르기스스탄은 전 국민의 75%가 무슬림이다. 타지키스탄은 전 국민의 90%가 무슬림이고 투르크메니스탄은 전 국민의 89%가 무슬림이고 우즈베키스탄은 전 국민의 88%가 무슬림이다.

3　Ibid., 247.
4　Ibid., 258.
5　Ibid., 307.

3) 남아시아의 이슬람

파키스탄은 2012년 개정된 헌법에서 이슬람을 국가 종교로 명시했다. 대부분 파키스탄 사람들은 강성 무슬림이고 무슬림들은 사업이 성공하고 가족이 보호를 받고 잘되기를 바라는 마음에서 '인샤알라'라고 한다. 파키스탄 지역 중 파쉬툰과 발로치의 무슬림들이 다른 종족보다 더 보수적이고 시골 사람들이 도시 무슬림보다 더 보수적이다. 일반적으로 파키스탄 사람들은 대접을 잘하는데 전통적인 가정에서는 손님을 맞이하는 데 엄격한 가풍을 갖는다. 남자들은 직계 가족이 아닌 여성들과는 사교하지 않으며 집에는 응접실이 따로 있어서 손님을 맞이할때는 가족이 머무는 곳과 분리된 곳에서 만난다. 아무리 가까운 친구라도 가족이 머무는 곳에는 들어가지 않는다.

이 지역은 종족 그룹들이 지역 권력을 차지하려고 경쟁하고 순니와 시아의 극단주의자들이 서로 싸운다. 카라치는 폭력이 난무하여 남아시아에서 가장 위험한 도시들 중의 하나이다. 파키스탄이 1947년 독립한 뒤 수백만의 힌두인과 시크인들이 인도를 향해 떠났다. 그들이 살던 자리에 7백만 무하지르(인도에서 도망나온 무슬림)들이 들어왔고 그 중 많은 사람들이 카라치에 정착했다. 무하지르는 토착민 신드인보다 교육을 더 잘 받아서 무역업에 종사했다.

파쉬툰 족은 남부 아프가니스탄과 파키스탄의 주요 종족이다. 그들은 전통적으로 부족의 리더를 말리크라고 불렀다. 그런데 1979년 이후 소련의 아프가니스탄의 침입으로 사우디아라비아가 지원하는 물라

(Mullah, 이슬람 종교 지도자)의 시대로 바뀌어갔다. 그 뒤 많은 파쉬툰 족은 물라를 합법적인 리더로 보기 시작했다. 파쉬툰왈리는 파쉬툰 족의 행동 규범인데 그들의 정체성의 중심을 이룬다. 명예의 개념 낭(nang)은 옳고 그르냐를 결정지어 주는데 명예가 없는 삶은 살 가치가 없다고 가르친다. 그래서 명예를 유지하기 위하여 남자는 그의 토지와 재산과 가족(특히 여성가족)을 지켜야 한다. 자신의 명예를 지키기 위하여 복수를 허용한다.

이 지역에서는 나그네에 대한 환대가 명예와 관련되므로 손님이 환대를 거절하면 모욕을 주는 것이 된다. 남자들은 여성이 결혼하기까지 처녀성을 지키도록 해 줄 책임이 있다. 따라서 여성들은 가족들이 머무는 곳으로 활동 반경이 제한된다.

발로치 족은 비교적 작은 그룹이지만 이 종족의 70%가 파키스탄에 살고 나머지는 이란과 아프가니스탄에 산다. 결혼은 가족과 가문의 결합으로 보기 때문에 이혼이 드물다. 자녀는 알라의 선물로 간주하므로 대가족을 좋아한다. 아버지가 죽고 난 뒤 아들들은 분가한다.

파키스탄의 여성들은 법적 및 사회적 차별을 당한다. 성인 중 절반 이하가 글을 읽을 수 있는데 여성들은 그 중 1/3만 글을 읽을 수 있다. 보수적인 이슬람 학교인 마드라사는 기숙사가 있는 이슬람교 종교 교육 기관이다. 150만 명 이상의 어린이들이 마드라사에 다니고 그들은 꾸란을 암기하고 이슬람 율법 그리고 철학, 수학, 지리를 배운다. 파키스탄 국민의 대다수가 무슬림이다. 국민의 97%가 무슬림인데 그 중 77%는 순니 무슬림이고 20%는 시아 무슬림이다. 무슬림을 제외한 나머지 국민의 3%는 힌두교, 기독교, 아흐마드파, 시크교, 불교, 바하이교 등이다.

파키스탄 헌법은 아흐마드파가 무함마드를 마지막 예언자로 받아들이지 않기 때문에 무슬림이 아니라고 선언한다. 그러나 아흐마드파는 그들 자신이 무슬림들이라고 한다. 정부는 형법과 모독법을 통하여 종교적 소수파에 대한 차별을 하고 형법은 무슬림과 비무슬림 모두가 꾸란의 법을 따르도록 요구한다. 그리고 이슬람이나 이슬람의 예언자들을 모욕하면 사형을 요구하는 모독법이 있고 시민의 종교적 신앙에 모욕을 주는 경우 10년 감옥형이다.

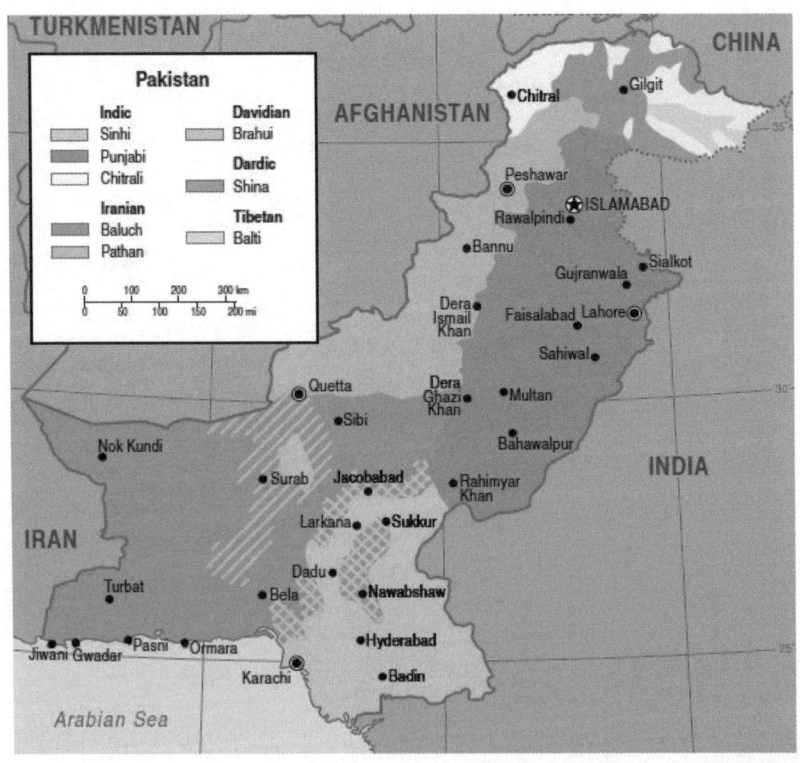

(지도: 파키스탄 지도)

방글라데시의 국어는 방글라이고 국가의 종교는 이슬람이다. 알라에 대한 절대적인 믿음이 모든 행동의 바탕이 된다. 방글라데시는 27개 종족으로 되어 있고 지난 수십년간 급속하게 발전하고 있다. 그러나 방글라데시는 가난한 나라이고 국민의 1/3이 빈곤층 이하의 삶의 살고 있다. 도시민의 62%가 빈민촌에 산다. 도시민이 시골 사람들보다 교육을 더 받고 더 부유하나 국민의 75%가 시골에 살고 산모의 첫 출산 나이는 18.5세이다.

방글라데시의 이슬람이 전파되는 과정을 보면 벵갈 해안에 중동에서 온 수피와 상인에 의하여 1000년 말기에 이슬람이 전파되었다. 그 후 계속된 무슬림 정복으로 인하여 새로운 이슬람이 이슬람 이전의 벵갈 문화를 흡수하였다. 이 기간 동안에 무슬림들은 곳곳에 모스크, 마드라사, 수피 숙소를 지었다.

1947년 이 지역은 종교적 문제로 힌두교 중심의 인도와 이슬람 중심의 파키스탄으로 각각 영국 연방에 속한 나라들이 되었다. 벵골 지역은 파키스탄에 속하여 동파키스탄이라고 불리기도 했다. 이후 동파키스탄은 1972년 자치 독립을 하여 방글라데시가 되었다. 독립 후에는 아랍과 강한 단결력을 드러냈다. 방글라데시의 외교 정책은 이슬람 유산에 의존하는데 방글라데시는 이슬람협력기구(OIC)의 회원 국가이고 세계에서 3번째로 무슬림 인구가 가장 많은 나라이다. 방글라데시는 전 국민의 83%가 무슬림이다.

이상과 같이 이슬람이 중동에서 시작하여 내륙아시아(중앙아시아, 남아시아 등)로 그리고 아프가니스탄에서 인도로 퍼져나갔다. 13세기 말과

15세기 사이에 이슬람은 인도와 아라비아의 여러 지역에서 말레이 반도와 인도네시아 군도로 전파되었다. 동남아시아는 울라마(법학자)와 수피의 가르침을 받는 무슬림들 못지않게 토착문화에 영향을 받았다.[6]

동남아시아의 이슬람 전파는 상인들, 수피들, 도제와 학교 설립이 중요한 역할을 했다.[7]

카자흐인들에게 이슬람 전파는 수피 종단(낙쉬반디야, 야사위야 종단[8])의 수피들이 그곳 사람들을 이슬람으로 개종시키기 시작했으나 이슬람의 본격적인 전파는 18세기에 상인, 포교사, 교사들이 모스크와 학교를 세운 뒤에 이루어졌다.[9]

중앙아시아의 부하라에서는 수피즘을 받아들인 농촌 주민과 유목민들은 왈리(계속 순종하여 알라에게 가까이 하는 자) 숭배, 치유, 부적 사용에 열중했다.[10]

중앙아시아, 남아시아, 동남아시아의 이슬람 전파 과정을 보면 수피와 상인을 통하여 그리고 모스크와 이슬람 학교를 세워서, 이슬람이 전파되었다는 것을 알 수 있다.

---

6 아이라 M. 라프두스, 『이슬람의 세계사 I』, 신연성 역(아산, 2008), 656.
7 Ibid., 634.
8 오요셉, "중앙아시아 수피즘 운동과 선교적 교훈," 『아랍과 이슬람 세계』 제2집(2015), 106-107.
9 아이라 M. 라프두스, 『이슬람의 세계사 I』, 565.
10 Ibid., 579.

2. 한국 이주 무슬림의 실태

국내에서 무슬림에 대한 선교는 먼저 국내에 체류하는 무슬림들이 어느 나라에서 어떤 목적으로 얼마나 체류하는지를 살펴봐야 한다. 2016년 말 국내 체류하는 외국인은 200만 명 정도이고 그 중 단기 체류자는 50만 명 정도이다. 국민 배우자와 장 단기 체류자 그리고 불법 체류자로 나눠 조사해 보아야 한다.

「한국일보」(2015년 1월)는 한국인 무슬림 35,000명, 장단기 체류 무슬림 143,500명, 불법 체류 무슬림 20,100명이라고 했는데 「중앙일보」(2015년 2월 28일) 기사에서는 한국인 무슬림은 4만 명으로 외국인 무슬림은 164,500명으로 추산했다.[11] 인도네시아, 우즈베키스탄, 파키스탄, 방글라데시의 국내 이주 무슬림은 2015년 100,099명(전체 이주 무슬림의 73.8%)이었다.[12] 2015년 동남아시아는 남녀 각각 81%, 19%이고 중앙아시아는 남녀 각각 70%, 30%이고 남아시아는 남녀 각각 92%, 8%이었고 아랍은 남녀 각각 78%, 22%이었고 남아시아(파키스탄, 방글라데시)에서 온 이주민은 남성이 절대 다수다.[13]

2016년 법무부 출입국관리소 출입국 외국인 정책본부가 발표한 자료에 따르면[14] 말레이시아인 44,080명(남 17,812, 여 24,337)이고, 인도네

---

11 http://news.joins.com/article/3509898.
12 안정국, "한국 이슬람의 현황과 종파 분화– 시아 무슬림을 중심으로," 「명지대 인문 과학 연구 논총」 제36권 3호(서울: 2015), 159.
13 Ibid., 160.
14 http://www.immigration.go.kr/doc_html/attach/imm/f2017//20170123274863_2_2.

시아 29,982명(남 10,244, 여 10,689), 우즈베키스탄 4,610명(남 2,947, 여 1,397), 카자흐스탄 2,633명(남 1,186, 여 1,255), 아랍에미리트연합 1,099명(남 517, 여 563), 터키 1,711명(남 710, 여 189), 파키스탄 935명(남 803, 여 89), 방글라데시 803명(남 650, 여 56), 사우디아라비아 567명(남 418, 여 148), 키르기스스탄 478명(남 284, 여 142), 이란 479명(남 319, 여 58)이다.[15]

이 자료에 따르면 말레이시아, 인도네시아, 카자흐스탄은 여성 입국자가 더 많고 우즈베키스탄, 아랍에미리트연합, 터키, 파키스탄, 방글라데시, 사우디아라비아, 이란 등은 남성이 많은데 이들 국가 중 이슬람주의 국가로 분류되는 터키, 파키스탄, 방글라데시, 사우디아라비아, 이란 등지에서 온 무슬림들의 이슬람 성향에 문제가 있을 수 있다. 이란은 1979년 이슬람 혁명이 일어났었고 사우디아라비아는 건국 초기부터 살라피(문자적 텍스트주의자) 교리를 채택했기 때문이다.

2016년 말 국민 배우자 국적별 현황을 살펴보면 우즈베키스탄 2,220명(남 83, 여 2,137), 파키스탄 900명(남 778, 여 122), 인도네시아 681명(남 74, 여 607), 키르기스스탄 477명(남 10, 여 467), 방글라데시 353명(남 290, 여63), 카자흐스탄 245명(남 13, 여 232), 말레이시아 172명(남 25, 여

---

xls.files/WorkBook.html.

15 이 밖의 이슬람 국가에서 입국한 숫자는 다음과 같다. 쿠웨이트 154명(남 102, 여 52), 요르단 166명(남 128, 여 19), 이라크 129명(남 123, 여 5), 카타르 109명(남 61, 여 48), 타지키스탄 95명(남 87, 여 8), 시리아 101명(남 71, 여 17), 예멘 72명(남 53, 여 19), 오만 67명(남 52, 여 14), 아프가니스탄 61명(남 55, 여 6), 레바논 55명(남 38, 여 17), 바레인 30명(남 22, 여 8), 팔레스타인 15명(남 12, 여 3)이다.

147), 나이지리아 137명(남 137), 이란 123명(남 110, 여 13), 터키 118명 (남 85, 여 33), 모로코 87명(남 45, 여 42) 등이다.

이 자료에 따르면 우리 나라 남성의 국민 배우자가 된 외국 여성들의 국적은 우즈베키스탄, 인도네시아, 키르기스스탄, 카자흐스탄, 말레이시아 등이다. 따라서 다문화 여성들을 도울 수 있는 한국어 교사(법무부 사회 통합 프로그램 또는 여성가족부의 다문화지원센터)로 참여하여 무슬림 이주민과 접촉의 기회를 넓힐 수 있다. 그러나 우리나라 여성 국민의 남성 배우자가 된 국가로 파키스탄, 방글라데시, 나이지리아, 이란, 터키 등이고 이들은 모두 강성 이슬람 성향을 가진 국가들의 출신이다.

2015년 난민신청자들 중 국적별 난민 인정의 현황을 보면 중국을 제외하고 모두 이슬람 국가에 해당한다. 그 중 파키스탄인 2,792명이 신청하여 576명이 난민 인정을 받았고 이집트인이 1,501명 중에서 7명, 시리아 인은 1,052명이 신청하여 3명이 난민 인정을 받았고 나이지리아는 1,021명이 신청하여 3명이 난민 인정을 받았다.[16] 이들 이슬람 국가는 이슬람주의에 의한 테러가 가장 많이 발생한 국가들이다. 난민 신청 사유는 정치적 사유(5,425명), 종교(5,000명), 특정 구성원(2,367명), 인종(1,340명), 국적(54명) 등이다. 주로 정치와 종교적인 이유로 난민 인정(보호)을 받은 것이다.

2016년 11월말 국내 체류 외국인의 연령별 분포를 보면 20대(20-29세)가 26%이고 30대가 25% 그리고 40대가 17%, 50대가 16%, 60대가

---

16   출입국관리소, 2015년「출입국 외국인 정책 통계연보」(2016년 6월), 90.

10%이다.[17] 전반적으로 20-30대가 절반을 차지하기 때문에 청년 무슬림에 대한 집중적인 사역이 필요하다. 또 등록 외국인 거주 지역별 분포가 경기도와 서울이 가장 많고 경남, 인천, 충남 순으로 많은데 실제 무슬림들이 어느 지역에 어떤 목적으로 얼마나 분포되어 있는지 실태조사가 필요하다.

2016년 12월말 등록 외국인 현황에는 우즈베키스탄 42,106명(남 28,896), 인도네시아 39,130명(남 35,736), 방글라데시 13,180명(남12,433), 파키스탄 10,426명(남 9,099), 카자흐스탄 5,717명(남 3,048), 키르키스스탄 3,705명(남 2,189), 이집트 2,586명(남 2,319), 말레이시아 2,297명(여 1,184), 나이지리아 2,033명(남 1,628) 등이 단연 앞서고 있다.

방문 목적에 따른 분류를 보면 2016년 11월말 취업 자격을 얻어서 체류하는 무슬림 국가로는 인도네시아(38,055명), 말레이시아(33,100명), 방글라데시(10,407명), 파키스탄(4,091명), 키르기스스탄(2,284명) 순이다. 유학과 한국어 연수로 오는 이슬람 국가의 유학생은 우즈베키스탄(2,305명), 인도네시아(1,463명), 파키스탄(1,281명), 말레이시아(1,184명), 카자흐스탄(857명), 방글라데시(829명)이고 국적 취득자로는 우즈베키스탄이 93명이고 파키스탄이 29명이었다.

---

17 출입국관리소, 「출입국 외국인 정책 통계월보」 (2016년 11월호), 16.

3. 중앙아시아, 남아시아, 동남아시아 이주 무슬림의 특징

우리나라에는 중앙아시아 무슬림(우즈베키스탄, 키르기스스탄, 카자흐스탄)과 동남아시아 무슬림(인도네시아, 말레이시아) 그리고 남아시아 무슬림(파키스탄, 방글라데시) 등이 주류를 이루고 있다. 20세기 동남아시아로 돌아온 상당수 극단주의 성향의 무슬림과 더 많은 극단주의 성향의 남아시아 무슬림들은 아프가니스탄에서 구소련과 싸웠던 무슬림들이었다. 남아시아에서 이슬람극단주의와 테러조직의 연계가 동남아시아에서 보다 더 확대되어 있는데 남아시아가 중동과 더 가깝기 때문이다.

1) 중앙아시아, 결혼 이주 여성에 대한 문화적 갈등과 통합[18]

국내에서는 그동안 동남아시아, 남아시아, 중앙아시아 이주 무슬림에 대한 연구가 진행되었는데 2009년 "한국 사회에서의 중앙아시아 이주 무슬림의 혼인과 정착"[19]이라는 논문에서 결혼 이민자의 문화적 적응 실태를 파악하고자 했다.

---

[18] 베리의 문화 적응 모형에 의한 분류다. 문화적 정체성을 유지할지 아닐 지와 주류 사회와 관계를 유지할지 안할지에 따라 통합, 동화, 분리, 주변화 등으로 구분되었다. 모국의 문화를 유지하면서 새로운 문화를 유입하면 통합이라고 하고 모국 문화는 유지하지 않고 새로운 문화만을 받아들이면 동화라고 하고 모국 문화를 유지하면서 새로운 문화를 거부하면 분리라고 하고 모국의 문화를 유지하지 못하고 새로운 문화와 접촉하지 않으면 주변화라고 한다(안정국, 2009, 230).

[19] 오종진, "한국 사회에서의 중앙아시아 이주 무슬림의 혼인과 정착," 「한국 중동학회」 제30-1호(2009), 257-293.

우즈베키스탄, 타지키스탄, 투르크메니스탄은 다른 중앙아시아 국가보다는 종교성과 보수성이 크다고 했다. 그러나 실질적으로 한국과 사회적 연결망이 비교적 잘 발달한 우즈베키스탄, 카자흐스탄, 키르기스스탄 출신 결혼 이민자들이 한국으로 유입되고 있다.[20]

그런데 이 연구에서 중앙아시아의 결혼 이민자의 갈등은 주로 언어와 문화 차이로 인한 부부관계, 고부간의 갈등, 가정 폭력과 자녀 문제 등이 많았다고 했다.

중앙아시아 결혼 이민자들은 종교적으로 개방적이지만 모두 무슬림이라는 정체성은 가지고 있다고 했다.[21]

이 논문에서 중앙아시아 자녀들은 한국 문화와 함께 자국의 문화를 공유하게 하고 싶어 했다. 그리고 중앙아시아의 결혼 이민자들은 대부분 동화와 통합으로 나타나 전적으로 동화 유형이거나 동화와 통합이 섞여 있다. 이들은 한국에서 국가별 연대나 모임을 갖지 못하고 있다.[22] 따라서 중앙아시아 무슬림 여성들에게 한국 문화의 동화가 촉진되도록 문화 강좌와 가정 사역을 검토하는 것이 좋다.

2) 남아시아의 이주민의 분리와 자녀들의 주변화

2010년 "남아시아 출신 코슬림의 한국 사회 정착 및 정체성 형성에

---

20 Ibid., 268.
21 오종진, "한국 사회에서의 중앙아시아 이주 무슬림의 혼인과 정착," 285.
22 Ibid., 287.

관한 연구"에서[23] 우리 국적을 취한 파키스탄 무슬림들은 종교를 중심으로 공동체를 형성하고 친지 방문을 가정하거나 합법적이지 않는 방법으로 자녀를 한국으로 데려와 1.5세대가 정착되는 것을 시도하고 한국인 여성과 혼인을 통하여 2세대도 서서히 증가하고 있다고 했다. 이미 국내에 와 있는 파키스탄 무슬림들 일부가 부정직하게 한국 내 정착을 시도한다는 말이 오고 갔다.

이슬람식 여성 복장은 커다란 부담감으로 작용하여 대부분의 남아시아의 자녀들은 히잡을 쓰지 않았다고 한다. 그러나 실제 이슬람을 매우 강화하려는 강성 무슬림 부모는 딸이나 부인이 집 밖으로 나갈 때 반드시 히잡을 쓰도록 하게 하므로 이 연구에서 히잡을 쓰지 않았다는 것은 심층 면접의 사례가 더 확대되면 그 결과가 달라질 수 있다. 그들의 자녀들이 초중등학교의 급식에서 이슬람의 음식 금기 사항 때문에 어려움을 가졌다.

그런데 결혼할 때는 남편과 종교가 같아야 결혼이 이뤄지니까 무슬림이어야 한다고 했지만 실제 종교생활은 열심히 하지 않았다[24]고 했다. 그러나 한국 언론에 가끔 나오는 무슬림들을 보면 한국 안에서도 라마단 금식을 잘 지키는 것을 볼 수 있다. 이 논문에서도 무슬림 자녀들이 아버지를 사랑하니까 아버지의 종교를 믿는다고 했다. 그리고 남아시아의 무슬림들은 알라에게만 절해야 하기 때문에 설날에는 세배를 못하도록

---

23 유왕종, 김효정, 안정국, "남아시아 출신 코슬림의 한국 사회 정착 및 정체성 형성에 관한 연구," 「중동연구」 제29권 1호(2010), 151-186.

24 Ibid., 177.

자녀들에게 가르쳤다.

요르단대학교의 샤리아대학의 학장을 만났을 때 필자가 고개를 숙여서 인사를 했다. 그는 정색을 하고 알라 이외에 인간에게 고개를 숙이지 말라고 했다. 남아시아의 1.5세 아들의 결혼에 대해서 파키스탄인 부모는 며느리를 파키스탄에서 데려오고 싶어 했다. 그러나 한국에 사는 파키스탄 무슬림들이 주변화 양상을 보인다는 것은 중앙아시아 무슬림과 크게 다른 점이다.

> 파키스탄계 코슬림의 일부는 한국 사회로의 완전한 동화 내지는 통합을 추구하였으며 일부는 주변화의 양상을 조금이나마 나타내고 있었다. 한편 1.5세의 경우는 완전히 한국 주류 사회 문화와 분리되어 버리고 있음을 살펴볼 수 있었다.[25]

3) 중앙아시아와 남아시아의 이주 무슬림의 문화적 갈등

이소영과 누르보손은 2014년 "한국 이슬람권 이주민의 갈등 분석 – 중앙아시아와 남아시아 무슬림을 중심으로"라는 논문에서[26] 이주 무슬림은 대부분 영세 기업과 소규모 공장에서 단순 노동하고 유학 및 국제결혼으로 한국에 체류한다고 했다. 그러나 2015년 「출입국 외국인 정책

---

25 Ibid., 184
26 이소영, 누르보손, "한국 이슬람권 이주민의 갈등 분석 – 중앙아시아와 남아시아 무슬림을 중심으로," 「인문과학 연구논총」 제27호(명지대학교 인문과학 연구소, 2014), 437–471.

『통계연보』에 따르면 체류 자격별 체류 외국인 현황 중 중앙아시아와 남아시아 체류민의 통계는 다음과 같다.

	우즈베키스탄	방글라데시	파키스탄	카작	키르기스	말레이	인도네시아
결혼이민	남 64 여 1424	245 50	654 102	10 142	10 355	17 86	65 446
기술연수	265 0	67 0		1 0			96 75
일반연수	403 106	43 5	90 24	55 104	33 48	77 162	100 134
종교	1 0	18 3	15 3		1 0	1 4	15 3
기업투자	29 5	40 1	325 2	4 0	14 0	33 12	7 3
무역경영	27 5	28 1	146 1	5 1	15 1	410 27	84 6
교수	7 3	14 0	9 0	1 2		6 2	13 3
특정활동	75 8	112 0	83 25	6 9	10 4	109 80	90 48
예술흥행	11 34	1 0	1 0	2 14	7 54	2 2	1 57
연구	7 2	75 16	61 10	1 1		11 8	16 7
비전문 취업	15479 281	9660 56	3727 2	62 9	998 57		31518 1438
유학	668 246	517 106	928 121	205 344	61 99	310 434	540 591

결혼 이민의 경우, 파키스탄과 방글라데시의 남자가 한국 여성과 결혼하는 숫자가 많고 나머지 국가들에서는 여성들이 한국 남성과 결혼하는 숫자가 더 많다. 따라서 이슬람의 샤리아법을 더 많이 지키는 이 두 나라 남성들이 한국 여성과 혼인할 때 그 가정은 이슬람을 종교로 갖게 된다. 이것은 종교 비자를 받은 인도네시아 이외에 방글라데시, 파키스탄의 남성이 가장 많다는 것과 일치하고 이들 세 나라가 교수 비자를 제일 많이 받은 것과도 무관하지 않을 것이다. 대학에 교수로 임용되면 국내 대학생들의 이슬람화를 더 쉽게 할 수 있는 길이 되기 때문이다. 연구 비자도 방글라데시와 파키스탄이 가장 많다. 그리고 파키스탄과 인도네시아, 우즈베키스탄의 유학생이 상대적으로 많고 비전문 취업은 우즈베키스탄, 방글라데시, 인도네시아가 상대적으로 더 많다.

이소영과 누르보손(2014)의 논문은 한국 이주 무슬림들이 이슬람 문화에 대한 접근 경향이 강하다고 하고 그들은 이슬람식 종교생활과 의식생활(복장과 음식 문화)을 요구한다고 했다. 그러나 그냥 한국 이주 무슬림이라고 하기 보다는 최소한 중앙아시아, 남아시아, 동남아시아 등 권역별로 나눠서 그들의 이슬람 문화에 대한 집착의 정도를 고찰해 봤어야 했다. 그들은 결혼 이민자가 시댁과 남편을 중심으로 생활하므로 노동자와 유학생 무슬림보다 더 이슬람 음식 문화를 회피하는 경향이 있다고 한다. 그리고 유학생은 지도교수의 이슬람에 대한 태도에 따라 그리고 노동자는 사장에 따라 무슬림이 이슬람 문화를 추구할지 또는 회피할지를 결정하는 것으로 나타났다.[27]

---

27   Ibid., 457.

그럼에도 국내에 체류하고 있는 이주 무슬림이 이슬람 문화를 강하게 유지하려고 한다는 것과 음식과 복식 문화에서 이슬람 금기사항을 준수하려고 한다는 것은 주목할 만한 대목이다. 종교의 차이로 인한 문화적 차이는 무슬림이 소수인 경우에는 상황을 회피하기도 하지만 무슬림 간의 연대감과 조직력이 확보되면 문화 간의 갈등을 유발할 수도 있기 때문이다.

4) 동남아시아 이주민의 통합과 동화 그리고 분리

안정국은 "한국 이주 동남아시아 무슬림의 현황과 사회적 연결망"이란 논문[28]에서 동남아시아 여러 나라 중에서 한국에 가장 많이 이주한 말레이시아와 인도네시아 이주민을 중심으로 두 집단 간의 유사점과 차이점을 파악하고자 했다. 이 연구에서 인도네시아는 취업 목적의 체류가 82.8%로 단연 많았고 말레이시아는 유학 목적의 비자를 소지한 사례가 94.1%나 되었다.[29]

그러나 2016년 「출입국 외국인 정책 통계연보」에 따르면 비전문 취업으로 말레이시아인은 없고 대신 인도네시아 남성이 31,518명과 여성 1,438명이 등록되어 있었고 인도네시아 남성 3,925명이 선원 취업을 했다.

---

28 안정국, "한국 이주 동남아시아 무슬림의 현황과 사회적 연결망," 「한국 중동학회 논총」제 29-1호(2008), 67-91.
29 Ibid., 76.

또한 이 논문에서 노동자 중심의 이주민 집단인 인도네시아의 경우 고등학교 졸업자가 68%로 월등하게 많았고 전문대 이상 졸업자가 21.1%이고, 말레이시아의 경우 전문대 이상 졸업자가 77.3%로 가장 많았고 중학교 이하의 학력 소지자는 존재하지 않았다.[30]

안정국은 그의 논문에서 인도네시아와 말레이시아의 무슬림은 이슬람이라는 종교를 제외하고는 유사한 점이 거의 없다고 했고 인도네시아 무슬림들은 사회적 연결망을 형성하고 조직화하는 모습을 분명히 보인다고 했다. 인도네시아와 말레이시아는 여러 면에서 유사하지만 너무나 다른 문화라고 하는 것이 적절한 표현이다. 오래 전에 말레이(Malay) 사람들은 말레이시아와 인도네시아 섬들에 거주했었다. 그래서 말레이시아어와 인도네시아어가 80%가 동일한 어휘이다. 말레이시아어가 아랍어를 더 많이 사용하고 인도네시아어는 식민지 기간 때문에 네덜란드어와 영어에서 온 어휘들을 더 많이 포함한다. 말레이시아는 영국에 의하여 식민지가 되었고 인도네시아는 네덜란드의 식민지가 되었기 때문에 말레이시아는 입헌 군주국(constitutional Monarchy)의 연방이고 인도네시아는 대통령제 공화국이다. 인도네시아는 종교성이 이슬람, 불교, 기독교(개신교와 가톨릭), 힌두교, 유교를 모두 인정한다.

인도네시아에는 360여 개 종족들이 살고 700여 개가 넘은 언어들이 있다. 국어는 바하사 인도네시아어이고 인구의 86%가 무슬림이고 서로 다른 종족들은 다른 전통과 관습을 갖는다. 반면에 말레이시아는 중국인, 말레이인, 인도인 등이 기독교, 힌두교, 이슬람을 각각 믿고 있고 바

---

[30] Ibid., 77.

하사 말레이시아어가 국어이지만 영어가 비즈니스 언어로 사용된다.

안정국은 2009년 "한국 이주 인도네시아 여성 무슬림의 혼인과 정착"[31]이란 논문에서 대부분 인도네시아 이주 여성들은 국적 소멸로 인한 상실감과 소속감 때문에 인도네시아 국적을 유지했고 인도네시아에서 이슬람식 결혼식을 올렸다고 했다.

2016년 출입국 외국인 정책 통계의 결혼 이민자 현황을 보면, 중국(38.8%), 베트남(26.9%), 일본(8.5%), 필리핀(7.5%), 캄보디아(3.0%), 타이(1.9%), 몽골(1.6%) 순이었다. 그런데 이슬람 국가로는 2016년에 인도네시아 여성 446명과 말레이시아 여성 86명이 결혼 이민을 했다. 그 기간에 인도네시아 남성 65명과 말레이시아 남성 17명이 한국인 여성과 혼인한 것으로 나타났다. 국내 체류 외국인의 절반은 중국인이고 인도네시아(46,538명)와 우즈베키스탄(47,103명) 사람들이 전체 체류 외국인의 2.5%를 각각 차지하고 20-30대가 가장 많다.

2016년 통계에 따르면 혼인을 통한 국적 취득에서 파키스탄과 우즈베키스탄이 단연 우세하다.

	2011년	2012년	2013년	2014년	2015년
파키스탄	24	9	25	19	9
우즈베키스탄	52	61	78	64	64

이슬람의 성향이 강한 파키스탄 무슬림들이 한국 국적 취득을 계속하

---

31 안정국, "한국 이주 인도네시아 여성 무슬림의 혼인과 정착," 217-256.

는 것은 앞으로 눈여겨 볼 대목이다.

5) 이슬람 종파의 분파

안정국은 2015년 "한국 이슬람의 현황과 종파 분화: 시아 무슬림을 중심으로"[32]라는 논문에서 후속 세대의 사회 부적응 문제나 이슬람 종파 간의 갈등은 물론 국내 실정법에 상충하는 이슬람법에 의한 관습이 국내에서 실천되고 국적별, 언어별 이주 무슬림 분리에 이어서 종파 간 분리 현상이 나타나기 시작했다[33]고 한다. 그런데 이 논문에서 이주 무슬림 2세대를 추정하였는데 인도네시아, 남아시아, 중앙아시아 주민의 자녀 수가 대략 6,000명으로 추산하고 있다.[34] 이런 추산으로 보면 남아시아나 중앙아시아계의 경우 1명 미만의 자녀를 출산하는 것으로 계산하면 현재 7,000여 명이 넘었다고 할 수 있다. 그렇다면 한국교회가 7,000여 명에 이르는 국내 무슬림 2세대 자녀들에 대한 관심을 가져야 한다.

한국에서 2010년대 초까지는 순니파와 시아파 간 분리가 관측되지 않았으나 2013년 초 시아 무슬림의 연합체가 조직되어 본격적인 종파 분화의 양상이 보인다고 했다.[35] 시아 이슬람에서는 자신의 신앙 때문에 해를 받을 것이 예상되면 자신의 신앙을 감추는 "타끼야" 교리가 있는데

---

32 안정국, "한국 이슬람의 현황과 종파 분화: 시아 무슬림을 중심으로," 155-182.
33 Ibid., 157.
34 Ibid., 171.
35 Ibid., 172.

순니 무슬림에게 타끼야는 교리가 아니다.³⁶

2015년 전체 무슬림 체류자 135,585명 중에서 2.7%인 3,641명이 시아 무슬림으로 추산되었다.³⁷

오늘날 중동의 이슬람의 특징으로는 이슬람주의, 타크피르 문화, 피트나 시대라고 한다. 중동에서는 순니 무슬림과 시아 무슬림이 서로를 카피르라고 하여 종파 간 싸움이 계속 되는데, 이런 싸움의 대리전이 한국 무슬림들 속에서 일어나지 않기를 바랄 뿐이다.

인천과 안산 등 수도권 지역을 중심으로 인도네시아 이주민연합체(인도네시아커뮤니티센터³⁸, Indonesia community in corea)가 있고 부산에서는 인도네시아무슬림단체(PUMITA Busan³⁹)가 부산을 중심으로 영남 지역 무슬림 커뮤니티의 중심 역할을 하고 있다.⁴⁰ 그리고 김해, 대전, 대구, 경북, 창원시, 의정부, 구로구, 안산시에 사무실을 둔 전국 통합 조직인 KMI(komunitas muslim indonesia korea⁴¹)가 결성되어 있다.

대부분의 파키스탄 이주민은 1980년대와 90년대에 입국하였고 300명 이하의 중소 기업에서 일하는 근로자(농축산, 건설, 어업 등)는 4,200명(2015년), 비즈니스맨은 600여 명, 유학생은 1,100명이며 전체 파키스탄 이주민 중 25-30%가 불법체류자라고 한국의 파키스탄 대사관 홈페이

---

36 공일주, 『이슬람과 IS』, 65.
37 안정국, "한국 이슬람의 현황과 종파 분화: 시아 무슬림을 중심으로," 273.
38 https://www.facebook.com/pages/Indonesian-Community-in-Corea-icc/353862824785769.
39 https://www.facebook.com/pumita.busan.7.
40 안정국, "한국 이슬람의 현황과 종파 분화: 시아 무슬림을 중심으로," 172.
41 https://kmikorsel.wordpress.com/

지가 한국정부 발표를 인용했다.

또한 국내에서 신앙과 하나됨 그리고 조직화를 모토로 내건 파키스탄 학생협회(PSA)[42]가 결성되어 있다. 주한 파키스탄 교민 사회의 홈페이지에는 아랍어로 "쌀리 알라 무함마드와 알라 아알 무함마드"(무함마드와 무함마드 가문이 잘되심과 복이 함께 하기를 간구하라[43])라고 되어 있다. 이런 문구는 이집트 길거리 여러 곳에서 발견되는 것으로서 파키스탄 무슬림들의 이슬람 성향을 엿볼 수 있다.

아랍 국가 중에서 최근에 한국에 가장 많이 입국하는 이집트인들 역시 여러 개의 페이스북을 이용한다. 그 중에 "우리 동네 아이들" 사이트에는 한국에서의 3년간 살았던 경험을 나누고 있다. 이집트인들은 학생, 근로자와 사업자, 가정주부, 여행객 등으로 입국했는데 돼지고기가 없는 음식을 찾는 일이 힘들다고 하고 또 여행객들은 이태원 모스크를 찾는 일이 많다고 했다.

한국인들은 낯선 사람이나 외국인에게 먼저 말을 건네지 않는다고 하고 한국 문화 중에서 이슬람 아랍 문화와 맞지 않는 것이 많다고 했다. 그리고 많은 한국인들은 이슬람에 대하여 잘 모른다고 하고 한국인들 중에는 히잡이 중동의 전통이라고 생각하기 때문에 이슬람 예배의 한 외모(마자히르 알이바다트)라고는 생각하지 않는다고 했다. 이태원 한국 이슬람 성원에서는 매달 한국 청년들이 다른 무슬림들과 주변 사람들을 초대하여 "쌀람 누리" 모임을 통해 이슬람의 나은 모습을 한국인에게 전

---

42 http://www.psaskorea.org/
43 https://www.facebook.com/Pakistanck/

하고 이슬람과 꾸란을 배우고 한국인 무슬림이 한국에서 어떻게 공존할 것인가를 이야기한다고 했다. 일요일(2시-4시)에는 무함마드 누르 알딘이 꾸란 주석과 일부 하디스를 영어로 가르치는 시간이 있다고 한다.

이상과 같이 한국 이주 무슬림들 중 중앙아시아, 남아시아, 동남아시아의 특성을 살펴보면 아래와 같다.

① 한국 이주 무슬림들은 언어, 복장, 종교생활, 음식, 제사와 설날 세배에서 문화적 갈등 이외에 부부간, 시댁과 갈등이 있고 자녀 양육과 교육에서 어려움을 호소한다.
② 중앙아시아 여성들은 한국 문화와 전적인 동화 또는 통합이 섞여 있으나 인도네시아 여성들은 국적 취득을 거부하고 공적 및 사적 생활에서 동화와 통합을 절반씩 갖는다. 그러나 파키스탄인 자녀들 중 1.5세는 분리 또는 주변화되어 있다.
③ 위 세 지역 중에서 이슬람 문화를 강하게 유지하려는 지역은 남아시아 출신 무슬림이고 남아시아의 남성들이 한국 여성과 혼인하는 데 적극적이다.
④ 중앙아시아의 이주민 여성이 한국인 남자들에게 가장 호감도가 많았고 동남아시아와 남아시아는 그다지 큰 호감도가 없었다.
⑤ 세지역의 이주민이 낳은 자녀들은 대개 한 명이고 현재 7,000여 명 정도이다.
⑥ 한국 이주 무슬림들은 모스크(사원)나 무쌀라(기도처)를 사회적 연결망의 중심지로 삼고 전국적인 네트워크를 갖는다.

⑦ 순니 무슬림과 시아 무슬림 간 예배 장소와 활동이 분리되고 시아 무슬림들이 사회와 접촉 및 봉사활동을 확대해 나가고 있다.
⑧ 국내 이주 무슬림의 자생적 기도처(무쌀라)가 방글라데시, 파키스탄, 인도네시아 사람들에 의하여 운영되고 있고 방글라데시인의 기도처가 월등하게 많다.
⑨ 한국 이주 무슬림들이 한국의 법에 따라 혼인과 이혼을 하더라도 이것은 이슬람법에 저촉되는 것이므로 자연히 무슬림들은 이슬람법을 우선하게 된다. 국내 실정법에 어긋난 사례들을 찾아보면 무슬림 커뮤니티를 더 잘 알 수 있을 것이다.

따라서 한국 이주 무슬림에 대하여 더 확인해 볼 내용과 제안 사항은 아래와 같다.

① 동남아시아, 남아시아, 중앙아시아의 이슬람의 성향을 지역별, 종족별로 연구해야 한다.
② 한국 이주 무슬림들의 이슬람 성향과 다아와 정책을 분석해 보아야 한다.
③ 한국인 배우자가 된 무슬림과 그들의 자녀들을 대상으로 사역할 전도자를 양성해야 한다.

※ **보충 교재**(공일주,『꾸란과 아랍어 성경의 의미와 해석』, 494)

> 신약의 프뉴마는 영적이고 꾸란의 루흐는 영적이지 않다. 수피 무슬림과 꾸란에서의 루흐는 생명이라는 점이 공통 요소다. 랍비 문서의 루아흐(영은 생명을 주는 힘이고 혼의 기능들의 자리)는 꾸란의 루흐와 비슷한 개념을 갖는다. 꾸란에는 루흐라는 단어가 25번 나오는데 모든 구절에서 루흐는 알라에 의해서 창조된 것을 가리킨다.
>
> 이슬람에서 일반적으로 루흐는 혼(나프스)과 구별되는 차이가 없다고 하고 이 둘이 어휘는 다르지만 결국 한 가지 의미라고 한다. 일부 꾸란 학자들은 꾸란에서 루흐와 나프스 사이에는 아주 작은 차이가 있을 뿐이라고 했다. 그리고 꾸란의 루흐가 가장 많이 가리키는 의미는 생명이었다. 그렇다면 꾸란의 루흐는 성경의 "영"이 아니다.
>
> 질문) "이슬람의 영성"이란 말을 누군가 사용한다면 무슨 의미인지 설명해 보시오.

Understanding Islam of the Muslim
community and our witness to Muslims

꾸란학과 하디스학, 시라 나바위야

무슬림들에게 가장 중요한 책들로는 꾸란, 하디스, 시라가 있다. 아래 내용은 무슬림들이 믿는 내용들을 가감 없이 그대로 여기에 옮겨 싣는다.[1]

1. 꾸란학에 대하여

문) 꾸란은 이슬람의 여러 책들 중 하나인가?
답) 꾸란은 이슬람의 첫 번째 중요한 책이다. 그래서 꾸란에 대한 여러 학문들이 존재한다.

문) 꾸란은 왜 중요한가?
답) 꾸란은 지브릴이 무함마드에게 내려준 알라의 말이고 그것을 읽음으로 예배한다.

---

1 Wa'il Faruq, *al-Madkhal ila 'Ulum al-Islam*(Cairo: Dar Comboni), 81-154.

문) 꾸란으로 예배(타앗부드)한다는 말은 무슨 말인가?
답) 꾸란을 읽는 것이 기도의 일부이고 꾸란을 읽는 것이 기도요 예배이므로 꾸란으로 예배한다고 말한다.

문) 꾸란이란 단어의 뜻은 무엇인가?
답) 꾸란은 동사 '까라아'에서 온 말이고 꾸란은 무슬림이 읽는 말씀(칼람)이다. 알라의 말씀을 가리키는 말은 꾸란 이외에 알키탑(라우흐 마흐푸즈라는 뜻), 알푸르깐(진리와 거짓을 구별해 주는 것), 알디크르(사람들에게 그들의 내세와 현세 이익을 기억나게 해 주는 것) 등이 있다.

문) 알라가 어떻게 무함마드에게 꾸란을 내려주었는가?
답) 알라가 와히를 통하여 꾸란을 내려주었다(안잘라).

문) 와히에는 여러 모습이 있는데 무엇인가?
답) ① 무싸의 어머니(알까싸쓰 장 7)에게 와히를 내려 준 것처럼 인간에게 보낸 와히가 있다.
② 꿀벌에게 내려준 와히처럼 동물에게 보낸 와히가 있다 (알나흘 68).
③ 자카리야가 이스라엘 자손에게 한 손짓(이샤라)이 있다 (마르얌 11).
④ 이브라힘의 꿈처럼(알쌉파트 102) 꿈이 있다.

⑤ 무싸에게 알라가 말한 것처럼 신적인 말(알니사 164)이 있다.
⑥ 악에 의한 와히가 있는데 그는 사탄이다(따하 120).

위 모두가 꾸란에 나오는 의미들이고 샤리아에서 와히의 의미는 알라의 여러 예언자들 중 한 예언자에게 알라가 내려준 말이다.

문) 어떻게 알라가 무함마드에게 와히를 내려주었는가?
답) 23년에 걸쳐서 지브릴 천사에게 와히를 내려주었다. 그런데 꾸란이 한 차례에 모두가 내려왔다는 학설과 역사적 사건들과 함께 여러 시기에 내려왔다는 학설이 있다.

문) 꾸란이 언제 내려오기 시작했는가?
답) 무함마드가 40세가 되었을 때 지브릴이 꾸란을 그에게 내려주었다. 꾸란이 내려온 달은 라마단 달이었고 사람들에게 안내가 되는 꾸란이 내려왔다(알바까라 185)고 했다. 꾸란은 천 명의 밤(라일라 알까드르)에 내려왔고(알까드르 1) 그 밤은 천 달보다 더 낫다(알까드르 3)고 했다.

문) 꾸란을 어디로 내려주었는가?
답) 꾸란은 메카와 메디나에 내려주었고 그래서 메카 꾸란(꾸란 막키) 또는 메디나 꾸란(꾸란 마다니)이라고 불린다. 메카에 내려준 꾸란은 히즈라 이전에 내려온 것이고 메디나에 내려준 꾸란은 히즈라 이후에 내려온 꾸란이다.

문) 메카 꾸란과 메디나 꾸란 사이에 차이가 있는가?
답) 모두 알라의 말이라는 점에서 서로 차이가 없으나 메카 꾸란은 더 많이 알라에게 초대하는 일(알라 이외에 신이 없다)과 바으스(부활), 보상, 윤리, 예언자들의 이야기 등이 나온다. 메디나 꾸란은 예배들, 이슬람의 사회제도, 통치제도, 무슬림과 유대교인, 기독교인과의 관계 등이다. 메디나 꾸란과 메카 꾸란을 구별하여 아는 것이 꾸란 해석과 설명에 도움이 된다.

문) 꾸란의 특징은 무엇인가?
답) ① 인간이 모방할 수 없음(이으자즈): 무함마드의 무으지자(보통 인간을 뛰어넘는 일)이고 어떤 인간도 그렇게 말할 수 없다.
② 의심할 바 없이 알라에게서 온 것이다.
③ 꾸란을 읽는 것은 기도처럼 예배들 중의 한 가지 예배이다.
④ 쓰여진 낱말대로 읽어야 한다.

문) 꾸란이 책으로 쓰인 때는 언제인가?
답) 칼리파 오스만 븐 압판 때이고 오스만 본이라고 부른다.

문) 꾸란이 한차례 책으로 만들어진 것처럼 꾸란 독경도 한 가지인가?
답) 아니다. 꾸란 독경(읽기)은 꾸란을 읽는 방식인데 특정 이맘이 꾸란의 낱말의 어말을 어떻게 발음하는지 그리고 한 곳에서 서로 다르게 발음하고 낱말이 이어지는 부분에서 발음이 어떻게 달라지는지 알게 해 주는데 이같이 알라의 말을 읽는 방식을 가리킨다. 꾸란에는 일곱 가지 독경법이 있다. 독경법은 꾸란을 공부하는 학생들이 배워야 할 과목이고 꾸란 독경사들로는 아부 아므르 븐 알알라(바스라), 나피으 븐 압둘라흐만(메디나), 아씸 븐 아비 알나주드 그리고 함자 그리고 알키사이(모두 쿠파), 압둘라 븐 아미르(샴지역), 압둘라 븐 카시르(메카) 등이 있다.

문) 타즈위드는 독경학의 일부인가?
답) 아니다. 타즈위드는 각 자음을 조음점에 따라 조음하고 그 자음에 딸린 조음 방식을 지키는 것이다.

문) 꾸란을 읽는 데 따라야 할 행동 양식(아답)이 있는가?
답) 그렇다. 이런 행동 양식으로는 우두(청결법)를 하고 깨끗한 장소에서 아름다운 소리로 읽는다.

문) 꾸란은 어떻게 구성되어 있는가?
답) 꾸란은 장, 절, 부로 되어 있고 절은 문장으로 된 알라의 말이고 장은 여러 절들이고 꾸란은 114장으로 되어 있고 30부로 되어 있다. 1부는 여러 개의 장 또는 한 장 전체 또는 장의 일부 등이다. 장과 절의 순서는 정해져 있어서 바뀌지 않는다.

문) 아무나 꾸란을 읽고 모든 의미를 이해할 수 있는가?

답) 모든 사람이 꾸란을 읽고 모든 의미를 이해할 수 없다. 꾸란에는 무흐카마트와 무타샤-비하트가 있는데 전자는 할랄과 하람처럼 한 가지 의미만을 갖는 것이고 후자는 여러 가지 의미를 가져서 알라 이외에는 알 수 없다. 가령 각 장의 처음에 오는 몇 자음들의 의미는 알라만이 안다. 그래서 꾸란은 해석이 필요하다.

문) 해석(타프시르)은 무엇인가?

답) 타프시르는 언어적 의미로 '발견하기' 또는 '의미를 드러냄'의 의미이고 타프시르는 꾸란 낱말들의 의미를 공부하는 학문이다. 타프시르는 타으윌과 다른데 타으윌은 언어적으로 원뜻(아쓸)으로 되돌아가는 것이다. 타으윌은 절들에서 간접적인 의미를 찾는다.

문) 누가 꾸란을 해석하는가?

답) 꾸란을 해석할 사람은 조건들이 필요한데 해석자는 무슬림이어야 하고 좋은 성품으로 진실해야 한다. 아랍어와 아랍 문학을 잘 알아야 하고 독경학과 타우히드(알라가 한 분이라는 것) 등 꾸란과 연결된 학문들을 알아야 한다. 그는 총명하여 이해가 뛰어나고 나시크와 만수크를 알아야 한다.

문) 나시크와 만수크는 무엇인가?

답) 언어적으로 나스크는 대체, 무효라는 뜻이고 다른 것이 있는 자리에 어떤 것을 올려놓는 것을 가리킨다. 꾸란에는 어떤 절의 판결이 중지되는 경우가 있다. 꾸란에서 나시크는 옛 판결을 대체하는 새로운 판결(후큼)을 가리킨다. 만수크는 새 판결로 대체된 옛 판결을 가리킨다. 예를 들면 알바까라 115(아무 방향이나)는 알바까라 144(네가 바라는 방향) 때문에 법 적용이 무효가 된다.

문) 가장 유명한 주석 책과 주석가는 누구인가?

답) 주석 책으로는 알수유띠의 『타프시르 알잘랄라인』
알꾸르뚜비의 『타프시르 알자미으 리아흐캄 알꾸란』
이븐 카시르의 『타프시르 알꾸란 알아짐』
가장 유명한 주석가로는 알자마크샤리, 이븐 자리르 알따바리, 아부 바크르 알라지 등이다.

2. 하디스학에 대하여

문) 이슬람에서 첫 번째 책이 꾸란인데 두 번째 책(마쓰다르)은 무엇인가?

답) 두 번째 책은 예언자의 순나이고 가장 중요한 순나는 하디스 샤리프이다.

문) 순나는 무엇인가?
답) 순나는 언어적으로 길 또는 방식이라는 뜻이고 이슬람 법적 의미로는 무함마드와 그의 동료들이 종교와 그의 법들을 적용하는 데 따랐던 방식이다.

문) 하디스는 무엇인가?
답) 하디스는 언어적으로 '말'이라는 뜻이고 법적으로는 '무함마드의 말' 또는 무함마드의 말, 행동, 묵인을 포함하는 뜻이다. 무함마드에 속한 것이므로 "샤리프"(높은 등급)를 덧붙인다.

문) 하디스는 꾸란과 같이 학문을 갖는가?
답) 하디스에도 학문이 있다.

문) 하디스학이란?
답) 하디스학은 본문(마튼)과 하디스 전달자 집단(사나드)과의 관계와 하디스를 알았던 방법 그리고 어떻게 하디스를 말했는가 그리고 전달자의 자질을 알게 해 주는 법을 배우는 학문이다. 또는 하디스학은 하디스 전달자(라위)와 무함마드가 말했던 그 말 자체(마튼 또는 마르위)가 수용될 것이냐 거부할 것이냐 등을 알려주는 학문이다. 여기서 마튼은 하디스의 낱말들 그 자체이고 그 의미는 아니다.

문) 사나드는 무엇인가?

답) 사나드는 하디스학에 나오는 말인데 우리에게 전해 주기까지 무함마드의 말을 전달해 준 사람들의 집단을 가리킨다. 사나드는 무함마드에게서 말로 들었거나 무함마드가 실제 행한 것을 눈으로 보았던 사람으로부터 시작하는 전달자의 계보이다. 그가 다른 사람에게 이것을 전하고 이 사람이 세 번째 사람에게 전하고 …이렇게 해서 하디스가 기록되었다.

문) 타함물과 아다는 무엇인가?

답) '타함물'은 사람이 하디스를 알았던 방법인데 가령 그의 쉐이크(종교 학자)로부터 들었거나 그에게 독경해 주었던 것을 들은 것이다. '아다'는 어떻게 하디스를 말했는가이고 가령 내가 들었다, 또는 나에게 전해 주었다 또는 나에게 말해 주었다 등이 '아다'에 해당한다.

또 전달자의 성품이나 자질(씨파트)은 전달자가 이성적이어서 믿을만한가 또는 이성이 부족하여 거짓말쟁이고 믿지 못하겠는가에 해당한다.

문) 자르흐와 타으딜은 무엇인가?

답) 하디스를 사실이라고 판단하기 전에 먼저 확인할 것은 어떻게 하디스가 이 사람 저 사람으로 전달되었는가를 보고 본문의 성격을 연구하고 무함마드가 그 말을 했는가를 살핀다. 그래서 하디스

학자들은 자르흐와 타으딜이라는 새로운 학문을 제시했다. 자르흐는 "전달자가 거짓말쟁이다, 믿을 수 없다, 그가 말한 하디스를 받아들일 수 없다"고 말하는 것이고 타으딜은 전달자를 신뢰하므로 그가 말한 하디스를 수용한다는 것이고 그 전달자가 공정하고 신뢰할만하다고 말하는 것이다.

문) 왜 이런 연구가 필요한가?
답) 무함마드가 하지 않은 말을 했다고 말하는 거짓말쟁이가 있기 때문이다.

문) 거짓된 하디스가 있는가?
답) 너무 많다. 그런 하디스를 "아하디스 마우두아"라고 부르고 사람이 창안한 것이므로 무함마드에 대하여 거짓말한 것으로 본다. 그래서 전달자 집단(사나드)을 공부하는 것이다.

문) 이스나드가 무엇인가?
답) 이스나드는 하디스 전달자를 무함마드로부터 전달받은 사람들의 집단에 속하는지를 규명하는 것이다. 이런 연구에서 하디스 전달자들에게 등급이 있다는 것을 알 수 있고 따라서 하디스에도 서로 다른 등급이 있다.

문) 전달자들은 동시대에 살았는가?

답) 그렇다. 무함마드의 동료들에게서 하디스를 취한 타비인(동료들의 제자들)에게서 하디스를 가져온 하디스 학자들에 대하여 연구하는 일에 공동으로 참여했다.

문) 동료(싸하바)는 누구인가?

답) 무함마드의 동료이고 무슬림으로 죽었던 사람들 중에서 단 한 번이라도 무함마드를 보았던 사람을 가리킨다.

문) 타비인은 누구인가?

답) 무슬림으로 죽었던 사람들 중에서 무함마드의 동료들 중에서 단 한 사람이라도 무함마드의 동료들과 오래 만났던 사람들이다.

문) 하디스 슈유크(하디스 학자)들은 등급이 있는가?

답) 그렇다. 하디스 학자들은 무핫디스(muhaddith), 하피즈(hāfiz), 훗자(Hujjah) 등 등급이 있다.

문) 무핫디스는 누구인가?

답) 하디스 연구를 수행한 자이다. 이스나드와 전달자들을 알고 2만 개 하디스를 외워야 하고 많은 전달자에게서 배운 자이다.

문) 하피즈는 누구인가?
답) 무핫디스보다 더 높은 등급에 있고 하디스와 하디스 학자를 더 많이 알고 이스나드와 전달자를 알고 적어도 10만 개 하디스를 외워야 한다.

문) 훗자는 누구인가?
답) 하디스를 아는 일에 아주 높은 등급을 갖고 전달자와 이스나드를 알면서 30만 개 하디스를 외우는 쉐이크이다. 그의 말이 증거가 된다는 뜻에서 훗자라고 한다.

문) 하디스에는 또 다른 등급이 있는가?
답) 그렇다. 하디스 중에서 1등급 하디스는 하디스 무타와티르이다.

문) 하디스 무타와티르는 무슨 뜻인가?
답) 많은 동료들이 무함마드에게서 전달받은 후 많은 전달자들이 전달해 주어서 그 하디스가 거짓이라고 말할 수 없는 경우이다. 200명의 동료들이 전달해 준 하디스도 있다.

문) 2등급 하디스는 무엇인가?
답) 하디스 무타와티르 다음으로 2등급 하디스는 하디스 싸히흐라고 한다. 그 하디스가 권위있다는 조건들을 완비한 하디스이고 전달자들이 무슬림이고 성숙한 이성을 가진 자이고 본문이 정확하다. 이 하디스가 권위있다는 조건들로는 다음과 같다.

① 전달자 집단과의 연결성: 중간에 연결이 끊어지지 않았다.
② 전달자가 공정하고 신뢰할만하고 진실하다.
③ 진실한 전달자가 정확하다.
④ 다른 하디스 무타와티르와 모순되지 않는다.
⑤ 오류나 잘못된 이해가 없다.

이런 조건들을 충족하면 하디스 싸히흐라고 부른다. 이런 조건들 중 하나가 결격사유이면 '하디스 가이르 싸히흐'라고 한다. 하디스 싸히흐는 완전한 확신이 없더라도(Zann) 무슬림들이 적용해야 한다.

문) 하디스 싸히흐의 종류에는 무엇이 있는가?
답) 이맘 말리크의 무왓따, 알부카리의 싸히흐, 무슬림의 싸히흐, 이븐 하이얀의 싸히흐, 아부 다우드의 수난, 알티르미디의 자미으 등이다.

문) 하디스에서 그 다음 등급이 있는가?
답) 하디스 하산(싸히흐보다 수용조건과 연결성이 덜한 하디스)이 있다. 신뢰할만하고 진실한 전달자가 전해 준 것이지만 이 전달자가 하디스 싸히흐를 전해 준 사람보다 더 낮은 등급이다. 하디스 하산은 반드시 적용되어야 하나 하디스 싸히흐보다는 그 능력에서 적다.

문) 하디스 싸히흐와 하디스 하산의 조건들을 충족하지 못하는 하디스가 있는가?
답) 그런 하디스를 하디스 다이프(연결성과 수용조건을 잃어버린 하디스)라고 하고 이런 하디스는 무슬림이 실제 적용하지 않는다.

문) 하디스 다이프에는 어떤 종류들이 있는가?
답) 무함마드에게서 들었던 동료들과의 연결계보가 사라진 하디스, 직접 듣지 않는 사람이 전한 하디스, 무함마드로부터 전달받지 않은 하디스, 좀 더 확실한 하디스와 모순되는 하디스, 전달자의 오해나 잘못 때문에 사나드와 본문에서 문제가 있는 하디스 등이다.

문) 하디스 나바위, 하디스 꾸드시, 꾸란 간의 차이는 무엇인가?
답) 꾸란은 알라가 무함마드에게 내려준 아랍어로 된 말씀이고 무슬림에게 여러 사람들이 전해 주었고(무타와티르) 꾸란을 읽으면 예배가 된다. 꾸란은 낱말과 의미가 모두 알라에게서 왔다.
하디스 꾸드시는 그 의미는 알라에게서 온 와히이고 발음과 단어들은 무함마드에게서 온 것이다. 하디스 나바위는 낱말과 의미가 모두 무함마드에게서 온 것이다.

따라서 꾸란은 무으지자(보통 인간을 뛰어넘는 일)이고 하디스 꾸드시는 무으지자가 아니다. 또 꾸란으로 기도하고 하디스 꾸드시로는 기도하지 않는다.

문) 이 셋을 구분하는 또 다른 방식이 있는가?
답) 꾸란을 부인하면 카피르이고 하디스 꾸드시를 부인하면 파시끄이다.
참고로, 신뢰를 버리면 파시끄(알라의 명령에 불순종하고 법의 한계를 벗어난 자)가 되고 카피르(알라의 존재를 안 믿는 자)는 아니다.

3. 시라 나바위야에 대하여

문) 메신저 무함마드는 인간으로서 예언자로서의 역할이 무엇인가?
답) 메신저 무함마드는 그의 인격, 그의 말, 그의 삶, 그의 행위, 그의 생애가 이슬람에서 중요한 부분이고 이슬람 샤리아의 중요한 자료(근거)가 된다.

문) 무함마드의 역사는 어떤 의미가 있는가?
답) 무함마드는 모든 무슬림들 중에서 가장 높은 모범이다. 그의 역사(생애)는 이슬람학의 한 학문이다. 그 이름을 '일므 알시라 알나바위야'라고 한다.

문) 알시라는 무슨 뜻인가?

답) 사람들 중에 어느 개인의 삶이나 집단의 삶의 이야기이다. 시라는 생애와 임무를 가리킨다. 알시라 알나바위야는 무함마드의 생애에 대한 이야기이므로 그의 모든 임무와 도덕과 생애를 말해준다.

문) 어떻게 무함마드에 관한 것을 알 수 있는가?

답) 꾸란 그리고 싸히흐 알부카리와 무스나드 아흐마드처럼 순나의 책과 다른 자료가 『알시라 알나바위야』이다. 나바위라는 말은 '예언자의'라는 말이다. 『무스나드 아흐마드』는 하디스 책들 중 한 종류이고 "무스나드"의 또 다른 의미는 이스나드가 무함마드에게 연결된 하디스를 가리킨다.

이븐 히샴의 『알시라 알나바위야』 책이 있는데 역사 책이다.

문) 알시라 알나바위야는 언제 시작되었는가?

답) 알시라 알나바위야는 이슬람 이전에 시작되었고 무함마드가 태어나기 전에 시작되었다. 당시 세상은 무지와 부당함과 윤리와 도덕적 가치가 떨어져서 어둠에 살았던 때이고 무함마드 이전이라서 여러 다른 예언자들이 있었다.

문) 무함마드는 세상을 바꾸고 그 이전의 종교들을 바꾸려고 왔는가?

답) 아니다. 이슬람은 사람들에게 종교적 윤리로 되돌아가라고 하는 것이다.

『무슬림 하디스』에는 무함마드가 마지막 예언자(카팀 알안비야)라고 했다. 『무슬림 하디스』는 하디스 책들 중의 하나다.
이슬람은 그 이전의 종교를 완성하기 위해 왔다고 한다.

문) 무함마드는 계보가 어떻게 되는가?

답) 무함마드 븐 압드 알라 븐 압드 알뭇딸립 븐 하심 븐 압드 마나프(manāf) 븐 꾸싸이 븐 킬랍 븐 무라(murrah) 븐 카압(kaʻb) 븐 루아이(luʼayy) 븐 갈립(ghālib) 븐 피흐르(fihr) 븐 말리크(Mālik) 븐 알나드르 븐 쿠자이마(khuzaymah) 븐 무드라카(mudrakah) 븐 일리야스 븐 무다르 븐 나자르(nazār) 븐 마아드(maʻd) 븐 아드난 븐 이스마일 븐 이브라힘이다.

문) 무함마드는 언제 태어났는가?

답) 코끼리 해에 태어났다. 그가 태어난 해에 코끼리 사건이 있었다.

문) 코끼리 해는 무엇인가?

답) 무함마드가 태어난 해에 예멘의 왕 아브라하(ʻabrahah)가 카아바(메카 소재)를 부수려고 했는데 그때 예멘에서 여러 코끼리를 몰고 왔었다. 그가 메카로 오는 길에 알라가 아브라하와 그의 군대를 살해했다.

문) 언제 이런 일이 있었는가?
답) 서기 570년이다. 아랍인의 달력으로는 라비으 알아우왈 12일이 무함마드 생일이었다.

문) 무함마드는 고아였는가?
답) 그렇다. 그가 태어나기 전에 아버지가 돌아가셨다.

문) 무함마드의 어린 시절은 어땠는가?
답) 그는 그의 할아버지 압드 알뭇딸립과 살았고 할아버지는 그 당시 아랍 관례대로 그를 사막의 바니 사으드 부족에게 보내어 젖을 먹이게 했다. 그때 유모는 할리마 알사으디야였다. 무함마드의 어머니 아미나 빈트 와흡이 그의 나이 6살 때 돌아가셨다. 2년 뒤에 할아버지도 돌아가셨다.

문) 그 뒤에 무함마드는 어떻게 되었는가?
답) 그의 삼촌 아부 딸립의 집으로 보내져서 삼촌의 아들처럼 12살 때까지 양을 치고 살았다. 그 뒤 그의 삼촌 아부 딸립과 함께 시리아로 무역을 나갔다.

문) 무함마드의 어린 시절은 어려웠는가?
답) 그렇다. 그의 어린 시절에 무으지자(보통 인간을 뛰어넘는 일)들이 있었는데 그 중 하나는 지브릴 천사가 무함마드의 가슴을 열고 심장을 꺼내서 악을 다 씻어 주었다는 말이 있다.

문) 무함마드의 청년기에 대한 이야기는 전해내려오고 있는가?
답) 그렇다. 여러 이야기들이 있는데 무함마드가 청년일 때 그는 메카에 살았는데 메카 사람들이 무함마드의 도덕성과 좋은 성품에 대해서 말한 이야기가 있고 사람들은 그를 "사실대로 말하는 사람과 약속을 지키는 사람"(싸디끄 아민)이라고 불렀다고 한다. 또 흑석을 카아바에 놓는데 일부가 장소를 두고 다투자 그가 메카 부족들 간의 싸움을 말렸다는 이야기도 있다.

문) 무함마드는 또 무엇을 했는가?
답) 무함마드는 자신의 옷을 벗어서 옷 위에 흑석을 두니 모든 부족장들이 한 켠에서 그것을 손으로 만졌다고 한다.

문) 청년기에 무함마드는 무엇을 했는가?
답) 무역에 종사하였고 그는 일할 때 약속을 잘 지켰고 카디자 빈트 쿠와일리드(khuwaylid)의 돈으로 장사를 했다. 나중에 카디자가 무함마드를 지극히 사랑하여 둘이 결혼했고 그 때가 무함마드 나이 25세이고 카디자의 나이 40세였다.

문) 언제 예언자직을 시작하였는가?
답) 무함마드는 사람들을 피하여 히라 동굴에서 기도하고 알라를 묵상하였다. 어떤 때는 한 달 또는 그 이상 그 산에 홀로 앉아있었다. 그가 40세가 되던 해 그 산에 홀로 있던 그에게 지브릴 천사가 와서 그에게 말했다. "듣고 따라해라"고 하니 무함마드가 "나는 읽을 줄 모른다"고 답했다. 천사가 다시 "듣고 따라해라"라고 하니 무함마드는 읽을 줄 모른다고 하였다. 이것을 세 번 반복하니 천사가 "창조하신 너의 주의 이름으로 듣고 따라해라"라고 했다. 여기서 "이끄라"는 발음을 하든 안하든 상관 없이 듣고 따라서 하라는 뜻이다.

문) 그 뒤에 무슨 일이 있었는가?
답) 무함마드가 두려워서 몸을 떨며 집으로 돌아왔다. 그가 "나를 덮어달라"(zammilūnī)라고 하자 카디자가 덮어주었고 안정이 될 때까지 그녀는 무함마드 곁에 앉아 있었다.

문) 무함마드는 그때 무슨 일이 일어났는지 이해하지 못했는가?
답) 그렇다. 그는 전혀 이해하지 못해서 카디자와 함께 집을 나서서 그의 사촌 와라까 븐 나우팔에게로 갔다. 그는 그 당시 기독교인이 되어 있었고 학식이 있었다.

문) 와라까가 무함마드에게 뭐라고 했는가?
답) 그는 무함마드에게 "그분이 지브릴 천사였다. 그건 와히다"라고 했다. 그리고 그는 " 내가 당신 종족이 당신과 전쟁을 벌일 때 내가 그때까지 살아서 당신을 도울 수 있기를 바란다"고 했다.

문) 무함마드가 이슬람을 어떻게 포교하기 시작했는가?
답) 무함마드는 그의 가족과 친구들부터 전하기 시작했고 그래서 제일 먼저 믿은 사람이 그의 부인 카디자였고 그리고 그의 사촌 알리 븐 아비 딸립, 그의 친구 아부 바크르 알싯디끄, 그리고 그의 딸 루까이야와 결혼한 오스만 븐 압판, 사으드 븐 아비 왁까쓰, 압드 알라흐만 븐 아우프 등이 믿었다. 그 뒤에는 무함마드가 사람들에게 비밀리에 이슬람을 전했다. 이런 비밀 포교가 3년간 지속되었다.

문) 3년 뒤에 무함마드에게 어떤 일이 있었는가?
답) 3년 뒤부터 무함마드는 이슬람을 공개적으로 전했다.

문) 메카 사람들은 무함마드의 다아와(포교)를 받아들였는가?
답) 아니다. 꾸라이쉬 부족은 무함마드의 이슬람 포교를 받아들이지 않았다. 그들은 우리 조상의 종교를 버릴 수 없다고 했다.

문) 무함마드는 그들에게 어떻게 했는가?
답) 무함마드는 그들에게 그들의 종교는 악의 종교라고 말했고 그들이 이성이 부족하여 이해를 못한다고 말하였다. 그들은 돌로 인간의 모양을 형상화한 우상(아쓰남)을 예배했다. 많은 가난한 메카 사람들과 일부 유지들이 이슬람을 믿었다. 꾸라이쉬 족은 무함마드가 꾸라이쉬 족의 안녕을 위협하고 그들의 장사를 위협할 사람이 되는 것을 두려워 했고 무함마드와 싸움을 벌였다.

문) 꾸라이쉬 족은 무함마드에게 어떻게 싸움을 걸었는가?
답) 무함마드를 따르는 가난한 사람들과 허약한 사람들에게 해를 끼치고 때리고 불을 질렀다('adhdhabu). 이들은 이슬람을 버리기보다는 죽음을 택했다.

문) 그 뒤 꾸라이쉬 족이 어떻게 했는가?
답) 꾸라이쉬 족은 무함마드에게 가서 이슬람을 버리라고 했다.

문) 무함마드가 뭐라고 답변했는가?
답) 무함마드는 그들의 메시지를 자신에게 전해 준 삼촌 아부 딸립에게 "알라가 나를 도와 구해 주거나 내가 죽을 때까지 나는 이슬람을 버릴 수 없다"고 했다.

문) 꾸라이쉬 족이 그 다음에 무엇을 했는가?
답) 꾸라이쉬 족이 무함마드에게 "1년은 너의 신을 예배하고 1년은 우리의 신들을 예배하자"고 하니 무함마드가 거부했다.
그의 삼촌 아부 딸립과 바누 하심이 무함마드를 보호하고 그를 방어해 주었다.

문) 꾸라이쉬 족이 바누 하심을 그대로 내버려 두었는가?
답) 꾸라이쉬 족은 바누 하심과 매매 관계를 끊고 음식이 바누 하심에게 오는 것을 막았고 이런 봉쇄가 3년간 계속되었다.

문) 무함마드와 꾸라이쉬 족 간의 전쟁이 이것으로 끝났는가?
답) 아니다. 꾸라이쉬 족의 무함마드 추종자에게 여러 고통을 계속 주었고 결국 무함마드가 이주를 명하게 되었다.

문) 야스립(메디나)으로 이주한 것인가?
답) 아니다. 야스립으로 이주한 것은 두 번째 이주이고 첫 번째 이주는 에티오피아로 갔다. 에티오피아의 왕은 공정한 기독교인이었고 그의 이름은 알나자시였는데 무슬림들을 보호해 주었다.

문) 이 시기에 무함마드에게 무슨 일이 있었는가?
답) 무함마드는 어려운 시기를 보내고 있었는데 무슬림들은 이 때를 "슬픔의 해"라고 불렀다. 이 시기에 무함마드를 사랑하고 그를 재정으로 도운 카디자가 죽었고 그를 보호하고 방어해 준 그의 삼촌 아부 딸립이 사망했다.

문) 무함마드는 무엇을 했는가?
답) 그는 알따이프로 가서 이슬람을 전했으나 바누 사끼프가 그에게 욕하고 그를 때리고 그를 쫓아냈다.

문) 알라가 이 슬픔과 약함의 시기에 무함마드를 버렸는가?
답) 아니다. 알라가 그에게 이스라와 미으라즈를 허락했다.

문) 이스라와 미으라즈가 무엇인가?
답) 이스라는 무함마드가 메카에서 예루살렘의 마스지드 악싸로 여행한 것을 가리키고 미으라즈는 무함마드가 하늘의 가장 높은 곳으로 올라가 알라 앞에서 엎드린 여행을 가리킨다.

문) 무함마드는 이 여행들 이후에 어떻게 변했는가?
답) 소망으로 그의 나프스(혼)가 새로워졌고 그가 더 강해져서 이슬람을 계속 전했다.

문) 무함마드는 메디나 사람을 어떻게 만났는가?
답) 무함마드는 메카 밖에서 메카로 순례가는 사람들을 만나 이슬람을 전했다. 그의 사명이 시작된 지 11년이 되자 그는 일부 메디나 사람들을 만났는데 그들에게 이슬람을 전하자 그들이 이슬람을 받아들였다. 1년 뒤 12명의 메디나 남자들이 무함마드에게 이슬람으로 들어가겠다고 약속을 했다. 이것을 제1 알아까바 맹약(바이아)이라고 한다. 그 다음 해에 73명의 남자와 두 명의 여자가 무함마드에게 약속을 했는데 그것이 제2 아까바 맹약이라고 한다. 그들은 무함마드에게 당신을 방어해 주겠다고 했다.

(참조) 바이아는 맹약이라고 번역했는데 무함마드를 통치자로 받

아들이겠다고 약속을 하는 것이다.

문) 무함마드와 무슬림들을 돕는 일이 생겨났는가?
답) 그렇다. 메디나 사람들은 안싸르라고 불리었는데 그것은 그들이 알라와 무함마드와 무슬림들을 도왔기 때문이다.

문) 무함마드는 곧장 메디나로 이주했는가?
답) 꾸라이쉬 족이 무슬림들을 괴롭히자 무함마드는 그들에게 메디나로 가라고 했다. 많은 무슬림들이 메디나로 비밀리에 이주했고 메카에는 무함마드, 아부 바크르, 알리 븐 아비 딸립이 남아 있었다.

문) 그 뒤에 무함마드도 이주했는가?
답) 그렇다. 꾸라이쉬 족들은 무함마드가 군대를 이끌고 돌아와 그들과 전쟁을 벌일까 두려워서 무함마드를 죽이려고 했다.

문) 무함마드는 어떻게 메디나에 도착했는가?
답) 무함마드는 무쉬리크였던 압드 알라 븐 우라이끄뜨에게 일삯을 주고 메디나로 가는 길을 안내해 달라고 부탁했고 드디어 메디나에 입성하자 사람들은 그를 만나 기뻐했다.

문) 메디나에서 이슬람 국가가 세워졌는가?

답) 메디나는 무슬림들이 모이는 첫 번째 장소가 되었고 그들은 자유롭게 두려움 없이 살았고 메디나는 이슬람 사회가 되었다.

문) 무함마드는 어떻게 이슬람 사회를 조직했는가?

답) 무함마드는 강력한 토대 위에 메디나에서 이슬람 국가 건설을 시작했다.

문) 그 강력한 토대가 무엇인가?

답) 첫 번째 토대는 모스크를 세우는 것이고 모스크는 이슬람 사회에서 가장 중요한 것이다. 모스크는 단순히 기도하는 곳이 아니라 정치, 전쟁, 칼리프 제도 등의 문제들을 토론하는 통치의 중심지였고 무슬림들은 모스크에서 혼인하고 이슬람과 다른 학문을 모스크에서 배웠다. 그리고 모스크에서 무슬림들의 종교적 그리고 정치적 통합(하나됨)을 완성했다. 그래서 무함마드가 한 첫 번째 일은 모스크를 짓는 일이었다.

문) 두 번째 토대는 무엇인가?

답) 두 번째 토대는 형제애이다. 무함마드는 이주한 사람들과 메디나에서 그를 돕는 사람들을 형제처럼 대했다. 메디나에서 무함마드를 돕는 사람들은 그들의 재산과 땅을 이주한 사람에게도 나눠주었다. 그래서 모든 무슬림들이 한 가족이 되었고 한 몸이 되었다.

문) 세 번째 토대는 무엇인가?

답) 무함마드는 무슬림들 사이에 형제애와 모스크를 세운 다음에 메디나에서 무슬림들과 그 밖의 사람들과의 관계를 조직화했다.

문) 무슬림 이외에 누가 메디나에 살고 있었는가?

답) 메디나에는 유대 부족들이 오래 전부터 살고 있었는데 이슬람이 들어오자 메디나 주민들이 이슬람을 받아들이기 시작했다. 그리고 이슬람 역사에서 처음으로 무슬림들과 유대인 간에 삶의 제도에 합의하고 조약(무아하다)을 맺었는데 그 조약을 "싸히파"(Saḥīfah)라고 한다. 이 싸히파에는 무슬림들은 하나의 움마이고 유대인에게 그들의 종교가 있고 무슬림에게 그들의 종교가 있다고 적었다.

문) 무슬림들이 꾸라이쉬 무역상을 급습했는가?

답) 그렇다. 무함마드와 무슬림들이 도망친 것을 알고 꾸라이쉬 족이 화가나서 이주자들의 재산을 강제로 가져갔다. 그러자 무함마드는 꾸라이쉬 족 무역을 급습하라고 허용했다. 이슬람력 2년에 바드르에서 급습이 있었는데 무슬림들이 대승을 거두었으나 14명의 샤히드가 생겨났다. 샤히드는 종교나 조국이나 재산을 방어하다가 죽은 사람을 가리킨다.

문) 그 다음해 우후드 급습은 왜 발생했는가?

답) 꾸라이쉬 족이 무함마드와 그의 동료에게 복수(사으르)를 하려고 했다. 피살된 가족들이 가해자 가족 중의 한 사람을 살해하는 아랍의 관습이었다. 화살을 쏘는 군대가 무슬림들이 이겼다고 생각하고 전리품을 모으고 적에게 등을 보이는 순간 무쉬리크들이 뒤에서 공격하여 무슬림 70명이 죽었다. 무슬림이 패배했다는 소식을 들은 일부 유목민과 유대인들은 이제 무슬림들은 힘이 없다고 생각했고 바누 알나디르가 무함마드를 죽이려 했다. 무함마드가 이 사실을 알고 그들을 메디나에서 쫓아냈고 그 이전에 무슬림 한 명을 죽인 바누 까이누까아도 쫓아냈다.

문) 우후드 급습 이후에 무슬림과 무쉬리크 사이에 전쟁이 있었는가?
답) 그렇다. 이슬람력 5년에 무슬림들과 꾸라이쉬족, 다른 아랍 부족 간의 가장 큰 전투가 있었다. 유대인들이 무함마드는 진리가 아니라는 사실을 확인한 후에 다른 아랍 부족들에게 전쟁가담을 요청하였다. 무함마드는 페르시아 인의 말을 듣고 메디나 주변에 참호를 팠다. 꾸라이쉬 족이 메디나를 쳐들어가려고 바누 꾸라이자와 내통을 했는데 바누 꾸라이자는 무함마드와 약속을 어긴 것이다. 꾸라이쉬 족이 메디나를 포위했다가 강풍이 불자 퇴각하니 무함마드가 유대인 바누 꾸라이자가 배신한 것을 물어서 남자들은 다 죽이고 그들의 재산과 여자들을 데려갔다.
이후에도 카이바르(이슬람력 7년), 무으타(8년), 메카 정복(8년), 후나인(8년), 타북(9년) 등의 전투가 있었다. 이슬람력 10년 무함마드가 메카 순례를 가서 종교 의식을 가르치고 설교를 한 다음 메디나로 돌아왔는데 이슬람력 11년 무함마드는 메디나에서 세상을 떠났다.

한국의 무슬림: 무슬림 커뮤니티의 이슬람 이해와 우리의 증거

Muslims in Korea:
Understanding Islam of the Muslim community and our witness to Muslims

2017년 6월 15일 초판 발행

지 은 이	공일주
편 집	정희연
디 자 인	윤민주
펴 낸 곳	사)기독교문서선교회
등 록	제16-25호(1980. 1. 18)
주 소	서울시 서초구 방배로 68
전 화	02) 586-8761-3(본사) 031) 942-8761(영업부)
팩 스	02) 523-0131(본사) 031) 942-8763(영업부)
홈페이지	www.clcbook.com
이 메 일	clckor@gmail.com
온 라 인	기업은행 073-000308-04-020, 국민은행 043-01-0379-646
	예금주: 사)기독교문서선교회

ISBN 978-89-341-1668-4 (93230)

* 낙장 · 파본은 교환해 드립니다.

이 도서의 국립중앙도서관 출판시 도서목록(CIP)은 서지정보유통지원시스템 홈페이지(http://seoji.nl.go.kr)와 국가자료공동목록시스템(http://www.nl.go.kr/kolisnet)에서 이용하실 수 있습니다. (CIP제어번호: CIP2017011428)